D1729661

www.lenos.ch

Florianne Koechlin (Hg.)

Jenseits der Blattränder

Eine Annäherung an Pflanzen

Mit Beiträgen von
Daniel Ammann, Denise Battaglia, Gertrud Fassbind,
Bastiaan Frich, Thomas Gröbly, Florianne Koechlin,
Martin Ott, Beat Sitter-Liver, Beatrix Sitter-Liver,
Patrik Tschudin und Andres Wiemken

Lenos Verlag

Für ihre wertvolle Mitarbeit und ihre Diskussionsbeiträge danken wir Niklaus Bolliger-Flury, Martin Bossard, Bettina Dyttrich, Max Eichenberger, Eva Gelinsky, Roger Kalbermatten, Sabine Keller, Lorenz Kunz, Peter Kunz und Amadeus Zschunke. Liselotte Portmann vom Restaurant Bioland in Olten danken wir für die wunderbare Bewirtung.

Jenseits der Blattränder
Eine Annäherung an Pflanzen

Inhalt

VII. Was fliesst dazwischen?   149

VIII. Und unsere Verantwortung?   171

Anhang   193

Wie dieses Buch zustande kam

Was und wer ist die Pflanze? Diese Frage war wegleitend für das vorliegende Buch. Darin geht es um die erstaunlichen Eigenheiten und Fähigkeiten von Pflanzen, darum, wie sie kommunizieren und Beziehungsnetze aufbauen, die sie mit ihrer Umgebung und mit uns verbinden.

Pflanzen gelten vielen Naturwissenschaftlern immer noch als eine Art Bioautomaten mit vorprogrammierten Reflexen. Doch in letzter Zeit wurde so viel entdeckt, dass solche Erklärungsmuster nicht mehr genügen. Eine Pflanze ist mehr. Vieles wissen wir nicht. Der Umgang mit Nichtwissen ist schwierig. Was aber die neuen Erkenntnisse zeigen: Es braucht ein anderes Herangehen an die Pflanze. Bisherige Vorstellungen über sie müssen korrigiert, die neuen Bilder über die Pflanze in unser Denken und in unseren Umgang mit ihr integriert werden. So kann *Jenseits der Blattränder* auch als Streitschrift wider mechanistische Denkmuster gelesen werden.

Seit über acht Jahren denken wir über das Wesen der Pflanze und ihre Rechte nach. Aus dieser Arbeit entstanden die *Rheinauer Thesen I zu Rechten von Pflanzen*. Sie wurden am 6. September 2008 am zweiten Fest der Vielfalt und der Sinne »1001 Gemüse & Co.« in Rheinau präsentiert. Im Juni 2011 folgten die *Rheinauer Thesen II zur Ökologischen Pflanzenzüchtung*. Nun legen wir die Fortsetzung vor.

Bei den *Rheinauer Thesen I* hatten wir in einem ersten Schritt versucht, uns vorsichtig und von verschiedenen Sei-

9

ten her der Pflanze anzunähern. Daraus leiteten wir Rechte ab (siehe S. 195–203). Die *Rheinauer Thesen II* erschienen unter dem Titel *Züchtung als »Gespräch«. Rheinauer Thesen zur Ökologischen Pflanzenzüchtung.* Sie waren ein Plädoyer für eine Züchtung auf dem Feld, »im Gespräch« mit der Pflanze, denn Züchtung findet heute vorwiegend im Labor statt. Die *Rheinauer Thesen II* entwickelten sich zu einem Leitbild, das zu einer Art »Verfassung« für das Projekt zur Züchtung von Biosaatgut der Bio Suisse wurde (siehe S. 204–210).

Jenseits der Blattränder ist kein Thesenpapier mehr; es heisst darum auch nicht »Rheinauer Thesen III«. Das Buch besteht aus Fragmenten, es ist kein in sich geschlossenes Werk. Das war von Anfang an so gewollt. Fragmente sind Bruchstücke, Gedankensplitter und tastende Annäherungen. Sie sollen »nur« Ahnungen vermitteln, den Raum öffnen für das grosse Ganze. Unsere Fragmente sind unvollständig, notgedrungen. Sie geben nicht nur wissenschaftliche Erkenntnisse, sondern auch Erfahrungen und Intuitionen wieder. Wir haben den Blick auf das gerichtet, was zwischen den Pflanzen und ihren Partnern passiert. Wir haben insbesondere auch der Wirkung von Pflanzen auf den Menschen nachgespürt – wie sie uns in Form von Lebensmitteln, in der Landwirtschaft oder in der Ästhetik beeinflussen.

Wir wollten Grenzen ausloten, die wir selbst noch nicht kennen, an Orte gelangen, an denen wir mit den *Rheinauer Thesen I* und *II* noch nicht waren. Am Schluss hatten wir mehr Fragen als Antworten.

Die Beiträge wurden von den einzelnen Autorinnen und Autoren entworfen und dann in der ganzen Gruppe diskutiert. Alle Texte tragen deshalb eine persönliche Handschrift, zeigen einen jeweils eigenen Schreibstil. Es sind aber die Gruppendiskussionen, die das Wesentliche dieses Buches ausmachen. Sie inspirierten uns zu immer neuen Exkursen und zu immer neuen Verknüpfungen. Darum werden neben den Autorinnen und Autoren auch jene aufgeführt, die mitdiskutierten und uns dabei oft zu neuen Horizonten führten.

Unsere langen und intensiven Diskussionen machten auch deutlich, dass wir uns nicht immer einig darüber waren, wer die Pflanze ist. Wir merkten, dass wir die Pflanze in einigen Bereichen unterschiedlich betrachten und wahrnehmen. Diese Erfahrungen sind geprägt von persönlichen Hintergründen und Wertvorstellungen. Es gab zum Beispiel Diskussionen darüber, ob Formulierungen wie die folgende die Pflanzen vermenschlichen: »Wir stünden schliesslich vor einem Seienden, das nicht fordert, sondern duldet; das nicht von Eigensucht und Abgrenzung bestimmt lebt, sondern aus der Lust des Sichverströmens, gelenkt und gezogen von der Neigung zum Zusammenwirken. (…)« (S. 44f.). Diese Auffassung konnten einige unter uns nicht nachvollziehen. Andere hingegen machten dieselben Einwände gegen die Formulierung: »Pflanzen (…) haben Freunde und Feinde, bilden Allianzen, sie betreiben ›Vetternwirtschaft‹ (…) und verhalten sich abwehrend gegenüber Fremden. (…)« (S. 39). Wir lassen die Differenzen stehen. Sie ermöglichen verschiedene Zugänge zu den Pflanzen, machen verschiedene Türen auf.

Aus dem Ganzen ergeben sich Konsequenzen: Wenn Pflanzen mehr sind als blosse Objekte, wenn sie als ver-

11

netzte Subjekte eines grossen Beziehungsgeflechts, von dem auch wir Teil sind, angesehen und erfahren werden, dann stellt sich auch die Frage unserer Beziehungen zu ihnen neu. Welches ist unsere Verantwortung ihnen gegenüber?

Neue Erkenntnisse öffnen auch neue Strategien für eine Landwirtschaft von morgen. Und für einen sorgfältigeren (und bewussteren) Umgang mit Lebensmitteln.

Florianne Koechlin,
März 2014

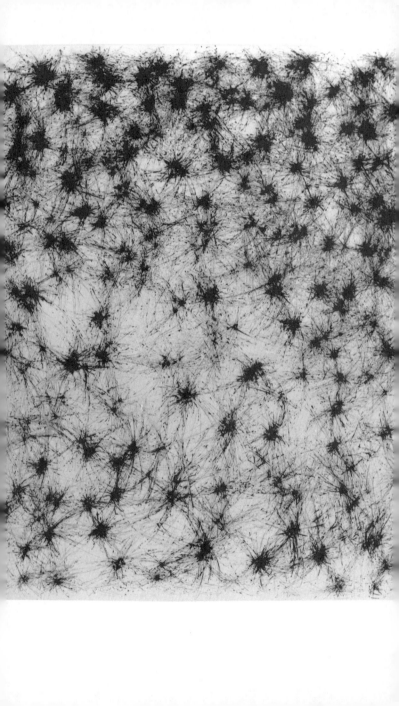

I.

Wer ist die Pflanze?

Florianne Koechlin

Eine Pflanze ist Viele

Pflanzen sind keine Kreaturen, die allein »dahinvegetieren«. Ganz im Gegenteil. Doch wie sehr sind sie von anderen Lebewesen abhängig? Welche Kooperationen gehen sie zum Beispiel mit Kleinstlebewesen ein?

In ihrem Wurzelstock kreieren Pflanzen eine nährstoffreiche Oase. Sie schwitzen eine Vielzahl von Nährstoffen aus: Zuckerverbindungen, Aminosäuren, organische Säuren, Enzyme, verschiedene Botenstoffe. Damit ernähren sie unzählige, verschiedenartige Lebewesen: Pilze, Bakterien oder Viren. Im Austausch helfen diese der Pflanze, Stickstoff und andere Nährstoffe aus dem Boden zu gewinnen, und schützen sie zudem vor Hitze, Dürre und Krankheitserregern. Die Pflanzen lassen sich die Kooperation mit den Bodenlebewesen etwas kosten: Es gibt unter ihnen solche, die bis zu siebzig Prozent aller selbstproduzierten Zuckerverbindungen an die Mitbewohner im Boden abgeben. Weizen und Gerste investieren zwanzig bis dreissig Prozent in das unterirdische Netzwerk. Man kann also sagen, dass Pflanzen diese Kleinstlebewesen im Wurzelbereich regelrecht füttern.

Wie wichtig dieses Zusammenleben tatsächlich ist, zeigen Versuche von Russell J. Rodriguez[1] und seinem Team von der University of Washington in Seattle. Die Forscher untersuchten ein seltenes Gras *(Dichanthelium lanuginosum),* das bei siebzig Grad Celsius in den heissen Quellen des

Yellowstone-Nationalparks wächst. Sie entfernten die Pilze, die im Innern des Grases leben. Das erstaunliche Resultat: Ohne diese Pilze ertrug das Gras die Hitze nicht mehr, es starb sofort ab. Dann isolierten die Forscher die Sporen des Pilzes und sprühten sie auf Weizensamen – Weizen wächst normalerweise nur bis achtunddreissig Grad Celsius. Mit den Pilzsporen gediehen die Weizenpflanzen sogar bei siebzig Grad und verbrauchten nur noch halb so viel Wasser.

Andere Kleinstlebewesen im Boden helfen Pflanzen, salzhaltige Böden zu ertragen. Werden Pilze aus dem Wurzelbereich des salzliebenden Dünengrases *Leymus mollis* auf Reispflanzen gesprüht, können diese ebenfalls auf salzhaltigen Böden gedeihen. Sie werden sogar fünfmal so gross und brauchen halb so viel Wasser wie normale Reispflanzen. Auch Dürre oder Kälte überleben Pflanzen meistens nur dank der Hilfe ihrer Mitbewohner unter der Erde.[2, 3, 4]

Viel wissen wir noch nicht über diese unsichtbaren, hochdynamischen Netzsysteme im Wurzelbereich. So sind überhaupt erst zwei Prozent aller Bodenmikroorganismen bekannt. Wie diese erstaunliche Zusammenarbeit zwischen ihnen und den Pflanzen funktioniert, verstehen wir erst in Ansätzen, der Wurzelbereich ist Terra incognita. »Über die Bewegung himmlischer Körper wissen wir mehr als über den Boden unter unseren Füssen«, schrieb Leonardo da Vinci vor rund 500 Jahren. Das hat sich seither kaum geändert.

Eine Pflanze besteht aus einer Gemeinschaft mit Abermillionen Pilzen, Bakterien, Viren und anderen Lebewesen im Wurzelbereich. Die Pflanze ist ein grosses, engvernetztes Ganzes. Man könnte sagen: Eine Pflanze ist Innenraum und Aussenraum. Eine Pflanze ist Viele.

Martin Ott

Die Pflanze ist Standort

Pflanzen, Menschen und Tiere haben Gemeinsamkeiten, mit der neuen Forschung kommen immer mehr zum Vorschein. Und doch gibt es fundamentale Unterschiede. Einer davon ist die innige Verbindung der Pflanze mit ihrem Standort, ein anderer die Omnipotenz[5] der einzelnen Zellen. Wir sehen da einen Zusammenhang.

Beim Menschen sind die Zellen stärker voneinander abhängig und auf bestimmte Funktionen getrimmt. Bei der Pflanze bilden die Zellen eher ein »kooperatives Konglomerat«, ähnlich einem Bienenschwarm. Jede Pflanzenzelle – beim Bienenschwarm jede Einzelbiene – ist auch eigenständig ein Lebewesen, aber doch eng verknüpft mit den anderen Zellen, so dass eine ganze Pflanze als *ein* Organismus funktionieren kann und in der Summe der Eindruck einer eleganten, sinnvollen Gesamtkoordination entsteht.

Ob die Pflanze über ein Bewusstsein verfügt, ist offen. Der Pflanze aber Bewusstseinsmerkmale abzusprechen wäre ein Fehler. Ihr Bewusstsein verwebt sich vielleicht eher und unmittelbarer in Kooperation und Kommunikation mit dem Umkreis, der Jahreszeit, dem Standort. Die Pflanze bewahrt offensichtlich zugleich auf der Zellebene mehr lebendige Regenerationskraft. Dem Tier und dem Menschen sprechen wir mehr »Eigensein« in seinem Bewusstsein zu, dafür fehlt diese Omnipotenz in der Lebendigkeit.

So interagieren Pflanzen offener mit dem Standort, an dem sie leben, sich verankern und wo sie auf einer riesigen gemeinsamen Wurzeloberfläche mit Milliarden von Bodenlebewesen kommunizieren (siehe auch S. 23–25). Im Boden finden sie schliesslich aus den Resten ihres eigenen und anderen Lebens zurückgelassene Huminstoffe[6], die zusammen mit der in ständiger Verwitterung sich auflösenden mineralischen Grundlage der Erdoberfläche (Steine, Kies, Sand und so weiter) den fruchtbaren Boden, die Ton-Humus-Komplexe, erst aufbauen und so wieder neues Leben ermöglichen.

Am Standort dienen die Pflanzen zugleich sich und allen anderen Lebewesen. Sie lassen sich weniger auf das Muster der Begrenzung in Aussen und Innen, in Ich und Du ein, vielmehr gehen sie auf allen Ebenen Symbiosen ein, bringen, wenn nötig, auch ihre eigene Substanz mit ein und verzichten vielleicht dafür auf eine innere Differenzierung bis hin zur in sich erlebbaren Bespiegelung der eigenen Identität, lassen diese aber dafür umso mehr mit der Umwelt zusammen entstehen. So prägen sich im Zwiegespräch mit den einmaligen physikalischen und chemischen Eigenschaften jedes individuellen Standortes schliesslich nicht unbedingt »Selbstbewusstseinsindividualitäten« aus, umso mehr aber die Potenz zur Entwicklung von »Standortindividualitäten«.

Die Pflanze und der Standort werden so ein und dasselbe, und es entsteht auf der Erde, wie selbstverständlich überall differenziert, pflanzliche Biodiversität.

Durch die moderne monopolisierte Pflanzenzüchtung werden nun einzelne, zentral gezüchtete Pflanzen auf Millionen von Hektaren Kulturland angepflanzt. Die Pflanzen werden mit Dünger, Pestiziden und Herbiziden davon abgehalten, mit den standortbedingten Diversitäten zu interagieren. Die Biotopbildung dieser Pflanzengesellschaften folgt nicht mehr der einmaligen Standortindividualität, sondern dem Prinzip Verallgemeinerung aller Standorte. Die Welt wird zur theoretisch monotonen Fläche: Die Krümmung und Unterschiedlichkeit der Erdoberfläche wird praktisch aufgehoben, und man fährt von Boston nach Washington, von Genf nach Zürich, von Berlin nach Paris und sieht immer das gleiche Maisfeld.

622 Kilometer lange Wurzeln:
das Wurzelsystem einer vier Monate alten Roggenpflanze

Wurzeloberfläche insgesamt (mit Wurzelhaaren):
639 Quadratmeter
Davon Wurzelhaare: 402 Quadratmeter
Gesamtlänge des Wurzelsystems (ohne Wurzelhaare):
622 Kilometer
Länge der Wurzelhaare insgesamt: 10 620 Kilometer
Wachstum des Wurzelsystems pro Tag (Mittel, ohne Wurzelhaare): 4,99 Kilometer
Wachstum der Wurzelhaare pro Tag: 89 Kilometer[7]

Florianne Koechlin

Eine Pflanze ist Kommunikation

Pflanzen kommunizieren mit Duftstoffen über und unter dem Boden. Sie können ein grosses Repertoire verschiedenster Duftstoffe herstellen und sich mit vielen, ganz unterschiedlichen Partnern unterhalten.

Ein Beispiel: Wird eine Limabohne von Frassinsekten attackiert, beginnt sie, in den Blattscheiden kleine Nektartropfen zu produzieren. Mit dem süssen Nektar zieht sie Ameisen an, die sich mit allen Angreifern anlegen. Gleichzeitig produziert die Pflanze einen Duftstoff, der ihre Nachbarinnen vor der Gefahr warnt. Diese erkennen das Duftsignal und beginnen ebenfalls, Nektar herzustellen. Etwas später sendet die Limabohne SOS-Duftstoffe aus, um Nützlinge anzulocken. Interessant ist, dass die Limabohne nicht nur weiss, *dass* sie angegriffen wird, sondern auch *von wem.* Wird sie von Spinnmilben attackiert, lockt sie mit Duftstoffen Raubmilben an, welche die Spinnmilben vertilgen. Frisst hingegen eine Raupe an ihr, produziert sie einen etwas anderen Duftstoffcocktail, um Schlupfwespen anzuziehen, welche die Raupen parasitieren. Die Pflanze schmeckt am Speichel, wer sie gerade attackiert, und holt sich dann den geeigneten »Bodyguard« – diese raffinierten Kommunikationskünste der Limabohne untersucht eine Gruppe um Wilhelm Boland an der Friedrich-Schiller-Universität Jena.[8]

Bis heute konnten bei 900 Pflanzenfamilien rund 2000 »Duftstoffvokabeln« identifiziert werden.[9] Es gibt offenbar einen Grundstock von fünf bis zehn chemischen Duftstoffsignalen, der allen Pflanzen gemein ist. Jede Pflanze kann zusätzlich eine grosse Zahl verschiedener Duftstoffmixturen herstellen. Es scheint eine pflanzliche Grundsprache zu geben, und dazu kommen viele »Dialekte«, die für jede Pflanzenart charakteristisch sind. Die »Dialekte« ergeben sich aus der leicht unterschiedlichen Rezeptur der chemischen Duftmoleküle.

Auch unterirdisch kommunizieren Pflanzen rege miteinander: mit Hilfe von in Wasser gelösten Signalstoffen oder auch über gemeinsame Netze (siehe auch S. 30–32). Eine kleine Haarwurzel einer Maispflanze zum Beispiel kommuniziert unter der Erde mit Haarwurzeln derselben Pflanze.[10] Sie »redet« auch mit Haarwurzeln der Nachbarinnen und »unterhält« sich mit Bakterien, Pilzen und Bodeninsekten. Für jeden dieser Ansprechpartner gibt es andere Regeln, oft auch andere Zeichen. Die Haarwurzel verständigt sich parallel mit vielen unterschiedlichen Partnern gleichzeitig.

Ausser mit Duftstoffen kommuniziert eine Pflanze auch mit anderen »Zeichen« (Signalen), zum Beispiel mittels elektrischer Impulse[11] oder – wie neueste Forschungsergebnisse vermuten lassen – vielleicht sogar durch Geräusche (siehe auch S. 117f.).

Man kann also sagen: Eine Pflanze ist Kommunikation. Sie tauscht sich immer und überall mit unendlich vielen unterschiedlichen Partnern und Partnerinnen aus. Es ist für uns kaum vorstellbar, wie eine Pflanze (ohne Gehirn und ohne Nerven) so rege kommunizieren, Fragen stellen, auf Signale gezielt antworten und Entscheidungen treffen kann.

Tatsache ist aber, dass Pflanzen zu hochdifferenzierten Auseinandersetzungen mit ihren Partnern und der Umwelt fähig sind.[12] Das bedingt, dass die Beteiligten sich einen Grundstock an Vokabeln (Zeichen, Signale) teilen, die alle anzuwenden und zu deuten wissen. Sie teilen auch einen Grundstock an Regeln, mit deren Hilfe sie die Vokabeln entziffern können.

Pflanzen sind wahre Kommunikationsmeisterinnen. Das erklärt vielleicht auch, weshalb sie in der Evolution derart erfolgreich waren und sich immer wieder schnell an drastische Umweltveränderungen anpassen konnten. Kein anderes Lebewesen war so erfolgreich: Pflanzen machen etwa neunzig Prozent der weltweiten Biomasse aus.

Wenn wir also draussen spazieren gehen, so ist da ein ständiges Gemurmel, immer und überall: ein Gemurmel aus Duftstoffen. Nur verstehen können wir es nicht.

Ein Apfelbaum lockt Kohlmeisen an

Einige Pflanzen locken mit Duftstoffen auch Vögel an, um sich vor Schädlingsbefall zu schützen: Wird ein Apfelbaum von gefrässigen Raupen des Kleinen Frostspanners (*Operophthera brumata* L.) heimgesucht, lockt er mit einem Duftstoffcocktail Kohlmeisen an. Diese riechen das SOS-Signal des befallenen Apfelbaums und finden so gezielt zu einer reichhaltigen Raupenbeute.[13]

Florianne Koechlin

Kommunikation oder Signalaustausch?

Viele Wissenschaftler und Forscherinnen sind heute noch der Auffassung, dass Pflanzen nicht wirklich »kommunizieren«, sondern bloss Signale austauschen und reflexartig auf eintreffende Signale reagieren. Pflanzen sind für sie im Wesentlichen eine Art Automat, also ein programmiertes System, bei dem die Antworten schon eincodiert sind. Immer mehr[14] halten es aber für wahrscheinlich, dass Pflanzen wirklich, das heisst differenziert kommunizieren und nicht bloss Signale nach dem Muster »Aktion – Reaktion« austauschen.

Das lässt sich anhand der Tomate aufzeigen: Wenn sie von Raupen angegriffen wird, produziert sie neben Abwehrstoffen auch Duftsignale, mit denen sie die Nachbarinnen vor der Gefahr warnt. Das Duftsignal besteht aus Methyljasmonat[15], einem auch in Parfums oft verwendeten Molekül. Die Nachbarpflanze der von Raupen befallenen Tomate lebt immer inmitten einer Duftstoffwolke aus Tausenden verschiedenen Duftmolekülen. Wenn das Warnsignal Methyljasmonat neu dazukommt, muss die Tomatenpflanze diesen speziellen Duft im grossen Duftgemisch erst erkennen und von anderen unterscheiden können. Sie muss sodann interpretieren können, dass die »Duftvokabel« in dieser Situation Gefahr bedeutet. In anderen Zusammenhängen, zu anderen Zeiten hat Methyljasmonat andere Bedeutungen. Erst jetzt reagiert sie darauf und beginnt, Stoffe zu produzieren, die ihre Blätter für die Raupen ungeniessbar machen. Dieses komplexe Verhalten geht weit über einen Signalaustausch hinaus, es erfüllt die Voraussetzungen echter Kommunikation.[16]

Dank ihren Kommunikationsmöglichkeiten können Pflanzen auch mit neuen, nicht berechenbaren Situationen umgehen.

Pflanzen warnen einander vor Dürre

Omer Falik und sein Team von der Ben-Gurion-Universität in Be'er Scheva entzogen einer Reihe von Erbsenpflanzen das Wasser. Nach kurzer Zeit schlossen die Pflanzen ihre Spaltöffnungen in den Blättern, so dass weniger Wasser verdunsten konnte. Die Nachbarreihe erhielt genug Wasser. Doch auch diese Pflanzen schlossen zeitgleich mit den gestressten Erbsen ihre Spaltöffnungen. Die gestressten Pflanzen hatten ihre Nachbarn unterirdisch mit Signalstoffen gewarnt. So konnten sich diese quasi vorausschauend auf die Dürre vorbereiten, bevor diese überhaupt eintrat.[17]

Die cleveren Strategien des Kojotentabaks

Die Samen des Kojotentabaks *(Nicotiana attenuata)* im Grossen Becken im Westen der USA überdauern jahrzehntelang im Wüstenboden, um dann nach einem Buschfeuer schnell zu keimen. Der Geruch von Rauch

ist für sie das Signal zur Keimung. Wenn der Kojotentabak dann wächst, gibt es kaum andere Pflanzen in der
Umgebung, was ein grosser Vorteil ist. Doch sehr schnell
fallen auch viele Schadinsekten über ihn her: Raupen,
Käfer, Heuschrecken. Wie können die Pflanzen trotzdem
überleben? Das untersuchte eine Gruppe um Ian Bald-
win von der Friedrich-Schiller-Universität Jena. Die Forscher beobachteten, dass die Frassfeinde nach drei Stun-
den plötzlich aufhörten und weiterzogen. Die Forscher
froren angeknabberte Blätter ein und schickten sie nach
Jena zur Untersuchung. Dort wurden sie pulverisiert,
gereinigt und anschliessend chromatographisch untersucht: Die Tabakblätter enthielten eine erstaunlich hohe
Konzentration an Nikotin, bis zu zehn Milligramm pro
Blatt, also etwa so viel, wie in einer Zigarette steckt (bei
deren Verzehr einem Menschen sofort übel würde). Der
Kojotentabak, fanden die Forscher heraus, erkennt seine
Frassfeinde an ihrem Speichel und vertreibt sie, indem er
sofort eine grosse Menge an Nikotin produziert.
Doch es gibt eine Ausnahme: Dem Tabakschwärmer
(Manduca sexta) kann Nikotin nichts anhaben. Ihn ver-
bindet mit dem Kojotentabak eine enge Symbiose. Das
Insekt sucht bei Dämmerung Tabakpflanzen auf, um
Nektar zu trinken. Dabei bestäubt es die Pflanze. Wenig
später klebt es seine kleinen Eier an die Blattunterseite.
Daraus schlüpfen bald Raupen, die mit einem speziel-
len Enzym Nikotin abbauen können. Die Raupen fressen
jeden Tag mehr Blattgewebe, als sie selber wiegen. Der
Kojotentabak wiederum schmeckt den Tabakschwärmer
an dessen Speichel und drosselt seine Nikotinproduktion,

sie wäre reine Energieverschwendung. Stattdessen sendet er spezielle Duftstoffe als »SOS-Signale« aus, die dunkle Raubwanzen anlocken, welche wiederum die gefrässigen Tabakschwärmerraupen vertilgen. Das muss schnell gehen, denn wenn die Raupen grösser als ein Zentimeter sind, sind sie für die Raubwanzen zu gross, sie fressen dann weiter. Aber offenbar hat der Kojotentabak auch dagegen eine Strategie entwickelt, denn plötzlich verlassen die Raupen ihre Pflanzenopfer und fliehen auf noch unversehrte Tabakpflanzen. Wie die Tabakpflanze es schafft, die Raupe zu vertreiben, wissen die Forscher noch nicht. Klar ist, dass die Initiative von der Tabakpflanze ausgeht und nicht von der Raupe.

Ein Problem bleibt: Der Kojotentabak muss einen anderen Bestäuber suchen. Da verfolgen die angefressenen Pflanzen eine aussergewöhnliche Strategie: Statt wie üblich in der Dämmerung blühen sie nun am Tage. Das hat ihnen zu einem neuen Bestäuber verholfen: Der kleine Kolibri trinkt mit seinem Schnabel aus dem weissen Blütenkelch und übernimmt auf diese Weise die Bestäubung.[18]

Florianne Koechlin

Die Pflanze ist Beziehung

Ein Wald besteht oberirdisch gesehen aus einzelnen Bäumen – Buchen, Eichen, Fichten oder Erlen. Unterirdisch ist der Wald zu einem einzigen, hochdynamischen und komplexen Ganzen verbunden. Dieses Netzsystem aus Baumwurzeln und Pilzfäden nennt man Mykorrhiza, was auf Griechisch Pilzwurzel heisst. Alle Waldbäume und viele Pilze, zu denen auch bekannte Speisepilze wie Steinpilze, Pfifferlinge oder Röhrlinge gehören, sind Teil dessen. Das Netz von Pilzfäden ist viel grösser als die für uns sichtbaren Pilze über dem Boden. In der wissenschaftlichen Literatur wird das unterirdische Netzwerk aus Pflanzenwurzeln und Pilzfäden WWW genannt: Wood Wide Web.[19]

Die meisten Krautpflanzen, aber auch Sträucher und Bäume tropischer Wälder bilden ebenfalls unterirdische Mykorrhizanetze mit einer anderen, stammesgeschichtlich sehr ursprünglichen Gruppe von Pilzen, die nicht über dem Boden erscheinen. Bei den Mykorrhizen profitieren im Allgemeinen beide Symbiosepartner, die Pflanze und der Pilz. Die Pilzfäden führen den Pflanzen Wasser und Nährstoffe zu. Die Pflanzen beliefern die Pilze mit Kohlenhydraten, wie zum Beispiel Zucker.

Interessant ist nun, dass Pflanzen das gemeinsam gehegte Netz von Mykorrhizapilzen unter dem Boden auch dazu nutzen, um Nährstoffe und Informationen auszutauschen. Eine Pflanze unterhält über dieses Netz rege Beziehungen zu ihren Nachbarinnen. Das zeigt ein Experiment einer Forschergruppe um Andres Wiemken an der Universität Basel:[20] In zwei Töpfen wuchs je eine Flachspflanze neben einer Hirsepflanze, einmal mit und einmal ohne Zugabe von Mykorrhizapilzen. Die beiden Pflanzen waren durch ein feines Nylonnetz voneinander getrennt, das zwar von Pilzfäden, nicht aber von Wurzeln durchwachsen werden konnte. In Gegenwart der Mykorrhizapilze wuchs die Flachspflanze neben Hirse mehr als doppelt so schnell wie in Abwesenheit der Pilze, während die benachbarte Hirse nur wenig von den Pilzen profitierte. Das Team in Basel konnte nachweisen, dass rund achtzig Prozent des Kohlenstoffes, der in das unterirdische, die beiden Pflanzen verbindende Pilzgeflecht investiert wurde, von der Hirse stammten. Verblüffend war deshalb der Befund, dass der Flachs, obwohl er nur ganz wenig Kohlenstoff zum Aufbau des Pilzgeflechts beitrug, den Löwenanteil (über achtzig Prozent) der Nährstoffe (Phosphat und Stickstoff) erhielt, die der Pilz aus dem Boden den beiden Pflanzen zuführte. Man kann also sagen: Die Hirse fütterte den Flachs, allerdings nur indirekt, indem sie die Hauptkosten (in Form von photosynthetisch assimiliertem Kohlenstoff) für den Aufbau des gemeinsamen Pilznetzwerkes übernahm, dem benachbarten Flachs jedoch die Hauptnutzung dieses Netzwerkes für seine Nährstoffversorgung überliess – und dies, obwohl Hirse und Flachs gar nicht miteinander verwandt sind.

In geeigneten Mischkulturen, wie sie früher in Landwirtschaft und Gartenbau gang und gäbe waren, bilden die Pflanzen unter dem Boden mit dem Mykorrhizageflecht eine Art dynamischen Marktplatz, wo jede Pflanze je nach ihren speziellen Fähigkeiten und dem Entwicklungsstand vorübergehend überschüssige Nährstoffe abgeben und gegen solche eintauschen kann, die sie gerade dringend benötigt. Klee zum Beispiel kann in einer Wiese Stickstoff liefern, den er dank seiner Fähigkeit zur Knöllchensymbiose mit Bakterien aus der Luft holt und pflanzenverfügbar macht. Pflanzen mit langen Wurzeln wiederum, wie die Luzernen und in der Agroforstwirtschaft auch Sträucher und Bäume, können bei Trockenheit aus der Tiefe Wasser holen und an das gemeinsame Mykorrhizanetz im fruchtbaren, aber ausgetrockneten Oberboden abgeben, so dass die Nährstoffaufnahme für die Pflanzengemeinschaft weiterhin ermöglicht wird. Andere Pflanzen und auch Pilze sind besonders gut im Mobilisieren von unlöslichem Phosphor durch Abgabe von Säuren und Enzymen in den Boden. Dann gibt es Pflanzen, die bei viel Sonnenlicht und trotz Wassermangel besonders effizient Photosynthese betreiben und demzufolge Kohlenhydrate freigebig ins gemeinsame Pilzgeflecht investieren können, wie die Hirse. Jede Pflanzenart trägt mit ihren besonderen Fähigkeiten dazu bei, das »Gemeingut« Mykorrhizanetz aufzubauen und zu unterhalten, das vielen verschiedenen Pflanzen die Nährstoffaufnahme aus dem Boden erleichtert. Es handelt sich um eine grosse, unterirdisch verbundene Lebensgemeinschaft.

Erste Versuche zeigen, dass Pflanzen über dieses Netz auch Informationen untereinander austauschen, sich zum Beispiel vor einer kommenden Gefahr warnen. Das Mykorrhizanetz funktioniert also auch wie ein Internet der Pflanzengemeinschaften, in noch ungeahntem Ausmass. Man kann sagen: Die Pflanze ist Beziehung.[21, 22]

Dass Pflanzen sich über das Mykorrhizanetz auch konkurrenzieren, zeigen die folgenden zwei Beispiele. E. Kathryn Barto von der Freien Universität Berlin und ihre Kollegen[23] setzten eine Tagetes neben einen Gartensalat *(Lactuca sativa)*. Die Pflanzen waren nur durch Mykorrhizanetze miteinander verbunden; ihre Wurzeln berührten sich nicht, und auch über der Erde war der Austausch von Duftstoffen unterbunden. Trotzdem gedieh der Gartensalat deutlich schlechter, als wenn er ohne Tagetes aufwuchs. Die Gruppe wies nach, dass Tagetes pflanzentoxische Stoffe, sogenannte Thiophene, aus den Wurzeln ausschied und über das gemeinsame Mykorrhizanetz in ihrer Umgebung aussandte. Das hinderte den benachbarten Gartensalat am Wachsen.

Spezialisierte Pflanzen können das gemeinsame Netz auch dazu verwenden, andere Pflanzen zu parasitieren. Voyria, eine Pflanze aus der Familie der Enziangewächse, wächst im tropischen Regenwald von Französisch-Guayana. Sie hat keine grünen Blätter und betreibt keine Photosynthese. Der Enzian »stiehlt« die für ihn notwendigen Kohlenhydrate über das gemeinsame Mykorrhizanetz von den Pflanzen der Umgebung. Das konnte eine Gruppe um Martin I. Bidartondo nachweisen.[24]

Andres Wiemken, Florianne Koechlin

Gefressen werden zum eigenen Vorteil?

Kooperation contra Konkurrenz, Fressen contra Gefressenwerden – so eindeutig konträr sind solche Gegensätze nicht.
Je nach Standpunkt und Betrachtungsweise kann man
»Abwehr« oder »Konkurrenz« auch als eine Art Kooperation im Verband von Lebensgemeinschaften verstehen. Jedes Lebewesen muss sich für seine Existenz behaupten, sich
also auch zur Wehr setzen. Dabei sind aber die bekämpften
oder abgewiesenen vermeintlichen Feinde für eine länger-
fristige Existenz und das Florieren einer Art oft von ganz
entscheidender Bedeutung.

Dieser Gedanke ist Grundlage einer höchst erfolgrei-
chen Strategie zur Wiederbegrünung degradierter, ver-
steppter Savannen: des Holistic Management des sim-
babwischen Biologen und Forstwarts Allan Savory.[25]
Sein Rezept gegen die Versteppung seines Heimatlandes
erscheint verblüffend einfach – so einfach, dass er auch
fünfzig Jahre nach Einführung seiner Wiederbegrünungs-
strategie noch um Anerkennung kämpft. Savory wusste
als Forstwart, dass in früheren Zeiten riesige Wildtierherden – Tausende von Antilopen, Büffeln oder Gazel-
len – in heute versteppten Gebieten fruchtbare Weiden
vorfanden. Die Herden waren ständig auf Wanderschaft,
und heute meist ausgestorbene Raubtiere sorgten durch
Auslese schwacher und kranker Tiere für gesunde Herden.
Dieses Beweidungsverhalten der Wildtierherden in den

Savannen ahmt das Holistic Management nach: Grosse Wanderherden – Kühe, Schafe, Ziegen – fressen das spärliche Gras und aufkommende Büsche, düngen den Boden und stampfen ihn vieltausendfach fest. Das schafft ideale Bedingungen für die Keimung von Grassamen, der Boden ist vor Erosion geschützt. Benötigt werden also *mehr* Weidetiere und nicht *weniger* – und eine sorgfältige, den gegebenen Verhältnissen angepasste Weidehaltung, die garantiert, dass die Weiden weder über- noch unternutzt werden. Holistic Management hat weltweit in vielen von Dürre bedrohten Weidegegenden wieder grüne Oasen geschaffen. Die Methode stösst allerdings in Wissenschaftskreisen auch auf Kritik.

Tatsache ist: Die weltweit fruchtbarsten Böden – die Kornkammern in der Ukraine, der nordamerikanischen Prärie oder der Magdeburger Börde – sind allesamt ehemalige Steppenböden, die über Jahrtausende nachhaltig beweidet wurden. Erst die Tiere bildeten die Grundlage für den Aufbau humusreicher Böden. Das Gras benötigt das Gefressenwerden durch Weidetiere sowie auch ihren Kot, damit der Kreislauf, über Millionen Jahre entstanden, sich schliesst und die Grasgegenden und Böden gedeihen. Beim Holistic Management ist der Mensch wieder Teil des Kreislaufes geworden.

Die Existenz jeder Art hängt also nicht nur von den Kooperationen mit anderen Lebewesen (mutualistische Symbiosen) ab, sondern auch von den – oberflächlich betrachtet – sich bekämpfenden und konkurrenzierenden Lebensweisen (antagonistische Symbiosen); diese beschränken auch die Vermehrung einer Art auf ein umweltverträgliches

35

und damit arterhaltendes Mass. Längerfristig sind für eine Art also nicht nur Fressen, sondern auch Gefressenwerden, Krankheiten und der Tod überlebenswichtig.[26]

Florianne Koechlin

Die Pflanze ist ein soziales Wesen

Wie zeichnet sich ein sozial agierendes Lebewesen aus? Zum Beispiel dadurch, dass es seinen Platz in der Gemeinschaft kennt. Ein solches Sozialverhalten wurde bisher nur gewissen Tieren, nicht aber Pflanzen zugesprochen. Das könnte sich ändern.

Susan Dudley, Evolutionsökologin an der McMaster University in Hamilton, Ontario,[27, 28] konnte zeigen, dass das Springkraut *(Impatiens pallida)* erkennt, ob neben ihm nahe Verwandte oder Fremde derselben Art wachsen. Neben Verwandten investiert das Springkraut weniger ins Wurzelwachstum: Die Wurzeln sind kaum verzweigt. Neben Fremden lässt es die Wurzeln jedoch schneller wachsen, sie sind auch verzweigter und wachsen in den Raum der Fremden hinein. Wie das Springkraut erkennt, ob neben ihm Verwandte oder Fremde wachsen, ist noch nicht bekannt. Nur so viel: Es muss über die Wurzeln geschehen. Diese schwitzen Signale aus, die vom Nachbarn erkannt werden. Die Pflanzenwurzeln »schmecken« also, wer da neben ihnen wächst. Die Vermutung liegt nahe, dass das Springkraut mit Fremden konkurriert und seine Verwandten schont, also Vetternwirtschaft betreibt. Andere Pflanzen reagieren umgekehrt: Sie haben mehr Wurzeln, wenn Verwandte als wenn Fremde im gleichen Topf sind. Der Punkt ist aber, dass offenbar viele Pflanzen erkennen können, wer neben ihnen wächst.[29]

Andere Pflanzen »wissen«, ob neben ihnen arteigene oder artfremde wachsen, und verhalten sich jeweils anders. Amanda Broz von der Colorado State University in Fort Collins[30] hat in einem Gewächshaus einen Knöterich aufgezogen – einmal allein, einmal zusammen mit Idaho-Schwingel. Dann simulierte die Forscherin mit Duftstoffen einen Schädlingsangriff. Die Antwort des Knöterichs auf die Attacke hing von seiner Nachbarschaft ab: Bestand sie ebenfalls aus Knöterichpflanzen, produzierte er in den Blättern Toxine zur Abwehr. Befand er sich jedoch inmitten von Idaho-Schwingel, investierte er seine Energie stattdessen in das Blatt- und Stängelwachstum und nicht in die Herstellung von Toxinen. Das sei durchaus sinnvoll, schreibt Broz: Inmitten von Idaho-Schwingel überlasse der Knöterich die Abwehr dem Nachbarn und konzentriere sich auf aggressives Wachstum. Diese Strategie erkläre vermutlich auch seine erfolgreiche Verbreitung.

Pflanzen, so scheint es, kennen ihren Platz in der Pflanzengemeinschaft, »wissen«, wer nahe verwandt oder wer von derselben Art ist.

Unter Tierpsychologen findet eine lebhafte Diskussion darüber statt, ob und, wenn ja, welche Tiere ein Bewusstsein haben. Um von Bewusstsein sprechen zu können, müssen verschiedene Kriterien erfüllt sein. Eines davon ist, dass ein Tier seinen Platz in der Tiergemeinschaft kennt. Vergleichbares können offenbar auch Pflanzen. Ich behaupte nicht, dass Pflanzen ein Bewusstsein haben – das wissen wir einfach nicht. Doch uns sind die wissenschaftlichen Argumente abhandengekommen, dies den Pflanzen kategorisch abzusprechen.

Florianne Koechlin

Die Pflanze ist ein Subjekt

Pflanzen kommunizieren mittels Duftstoffen und anderen Signalen, sie haben Freunde und Feinde, bilden Allianzen, sie betreiben »Vetternwirtschaft«, graben sich gegenseitig das Wasser ab und verhalten sich abwehrend gegenüber Fremden. Unter dem Boden bilden sie umfangreiche Beziehungsnetze, über die sie die Nährstoffverteilung koordinieren und Informationen austauschen. Pflanzen erinnern sich und lernen aus Erfahrungen. Sie werden von sich aus aktiv, interpretieren die Welt um sich herum – und scheinen sogar planen zu können. Sie sind soziale Wesen, wie Tiere auch. Man kann also sagen: Die Pflanze ist ein Subjekt. Die Unterschiede zwischen Pflanzen und Tieren liegen anderswo.

Pflanzen sind folglich keine »seelenlosen Maschinen«, die lediglich ihr genetisches Programm abspulen. Ihr Wachstum und ihre Entwicklung sind keine ausschliesslich genetisch fixierten Reflexe. Wenn wir Pflanzen als Maschinen ansehen und ihnen den Subjektcharakter absprechen, so sagt das etwas über uns, die Betrachtenden, aus, nicht über das Wesen der Pflanze.

Daniel Ammann, Martin Ott

Die Pflanze ist Teil des Absoluten –
»Subjekt und Objekt sind nur eines«

Menschen neigten immer auch dazu, die Pflanze nur materialistisch zu sehen. Einen bedeutenden Anstoss zu dieser Sichtweise gab im achtzehnten Jahrhundert Julien Offray de La Mettrie (1709–1751). Im Werk *L'Homme-Plante (Der Mensch als Pflanze)* legte er sein Denken über die Pflanze dar. Die Pflanzen können für ihn weder Geist noch Seele haben, nicht einmal Instinkt spricht er ihnen zu, denn sie bewegten sich nicht fort, seien ja in der Erde unbeweglich verwurzelt, kennten folglich nicht das Streben der Tiere und der Menschen. Den Pflanzen seien solche Bedürfnisse verwehrt. Beweglichkeit, Bedürfnisse und damit intellektuelles Vermögen sind aber für Offray de La Mettrie Voraussetzung für Seele und Geist.

In seiner Schrift[31] äussert er etwa: »Der Mensch ist dasjenige unter allen bis heute bekannten Wesen, das die meiste Seele besitzt, wie das notwendigerweise sein musste, und die Pflanze ist ihrerseits dasjenige von allen, wenn man von den Mineralien absieht, welches am wenigsten Seele besitzen musste.«[32] Dazu bemerkt er: »Nicht nur haben die Pflanzen keine Seele, sondern diese Substanz wäre ihnen unnütz. Indem sie keine Bedürfnisse nach einem tierischen Leben haben, keinerlei Kraft zur Unruhe, keine Sorgen, nichts zu tun, keine Wünsche, aller Schatten einer Intelligenz wäre ihnen auch überflüssig, so wie das Licht dem

40

Blinden.«[33] Die Pflanze werde »von keinen Bestrebungen erfüllt, keinen Wünschen bewegt, ist ohne Leidenschaften, ohne Laster, ohne Tugenden und vor allem ohne Bedürfnisse, nicht einmal ist sie mit der Bemühung beladen, sich für die Nahrung ihres Körpers zu kümmern«[34].

In der modernen Biologie besteht die Neigung, diesem Pflanzenbild erneut vermehrt zu folgen. Doch, so müssten wir uns fragen, hat uns die Philosophie seit jenen aufklärerischen Schriften einen anderen Blick auf die Pflanze gelehrt und auch nahegelegt?

In unserem Denken stossen wir Menschen auf Fragen und Begriffe, auf »Dinge an sich«, die unserem Erkenntnisvermögen und unserer Wahrnehmung Schwierigkeiten bereiten. Gott, Seele, Freiheit oder Tod bleiben Begriffe, deren Inhalt uns nie vollständig klarwird. Trotzdem müssen solche Begriffe Ideen verkörpern, gedacht werden; sie bleiben von Bedeutung für unser Erkennen, Wissen und auch für unser Tun. Wir fühlen uns gehalten, über solche metaphysischen Fragen nachzudenken, denn wir stellen fest, wie das Nachdenken über unfassbare Begriffe zu »regulativen Ideen« (Kant[35]) für unser Tun werden kann.

Würde zum Beispiel der Mensch Gott nicht denken, würde die »Idee Gott« nicht existieren. Das Nachdenken über Gott kann uns hingegen zu unschätzbaren Einsichten führen. So gesehen, sind schwer und gar unfassbare Begriffe Voraussetzung für neue Erkenntnis. Das gilt auch für das Nachdenken über die Natur, die das Wesen der Pflanze mit einschliesst.

Springt man in diesem Verständnis des Nachdenkens über Dinge, die ausserhalb unseres Verstandes liegen, in die Naturphilosophie und folgt Friedrich Wilhelm Joseph Schelling (1775–1854), so entfaltet sich das Nachdenken über Natur, darunter die Pflanzen, um ein Weiteres. Werden Natur und in ihr die Menschen als nur verschiedene Stufen derselben Gesetze und Tätigkeiten angesehen und gedacht, so eröffnet sich uns die Möglichkeit, Gegensätze zwischen Menschen und Natur, also auch den Pflanzen, aufzuheben. »Die menschlichen ICH und die Natur sind identisch im absoluten ICH.«[36] Die Natur und damit die Pflanzen werden in ihrer Beseeltheit und schöpferischen Produktion nicht länger als Objekt angenommen, sondern ihre Ichhaftigkeit wird herausgestellt. In der Natur, in jeder Pflanze spiegelt sich das Ganze, und das heisst das Absolute.

Sind die sich aufdrängenden Schritte einmal getan, sind das Nachdenken über die Pflanze ausserhalb des Verstandesvermögens anerkannt und die gewonnenen Gedanken als regulativ akzeptiert, die Natur (die Pflanze) demnach nicht bloss als Objekt und Gegenstand, sondern als Teil des Absoluten begriffen, dann tut sich eine grosse Änderung für die Annäherung an die Pflanze auf: Die Annäherung wird auf den Schauplatz der Metaphysik geführt, und so nur wird es möglich, zu ergründen, was sich bei der Pflanze hinter dem, was an ihr physisch ist, verbirgt.

»Die Natur soll der sichtbare Geist, der Geist die unsichtbare Natur sein. Hier also, in der absoluten Identität des Geistes in uns und der Natur ausser uns, muss sich das Problem, wie eine Natur ausser uns möglich sei, auflösen.« (Schelling[37])

In neuerer Zeit ist diese vermeintliche Grenze zwischen Geist und Materie, gegen die Schelling anschrieb, gefallen – einerseits durch das Verschränkungstheorem von Albert Einstein, Boris Podolsky und Nathan Rosen, das zeigt, dass zwei miteinander verbunden gewesene Entitäten sich unmittelbar und augenblicklich beeinflussen, auch wenn sich diese mittlerweile in kosmischer Entfernung voneinander befinden; andererseits durch den nachgewiesenen entscheidenden Einfluss des Beobachters auf den Inhalt der Wahrnehmung (siehe das klassische Doppelspaltexperiment).

Diese Verwebung oder Verflechtung zwischen Forscher und Gegenstand fordert uns auf, das Fragenstellen an sich genauer zu beobachten. Wenn es so ist – und die Quantenphysiker beweisen uns dies –, dass wir allein durch Beobachtung nicht nur die Wahrnehmung, sondern auch den Gegenstand selbst verändern, dann ist die Frage nach der Qualität und Schulung des Beobachtens selbst fällig. Es ist spätestens dann also nicht gleichgültig, ob und wie wir etwas sehen. Unser Beobachten allein verändert bereits die Welt.

Diese Rolle des Bewusstseins und seine Integration in die Natur umschreibt der österreichische Physiknobelpreisträger Erwin Schrödinger (1887–1961) aufgrund der quantenphysikalischen Entdeckungen so: »Es sind die gleichen Gegebenheiten, aus denen die Welt und mein Geist gebildet sind. Die Welt gibt es für mich nur einmal, nicht eine existierende *und* eine wahrgenommene Welt. Subjekt und Objekt sind nur eines. Man kann nicht sagen, die Schranke zwischen ihnen sei unter dem Ansturm neuester physikalischer Erfahrungen ausgefallen; denn diese Schranke gibt es überhaupt nicht.«[38]

Martin Ott

Die Pflanze ist Umstülpung

Je mehr wir uns mit der Pflanze beschäftigen, uns vorur-
teilslos auf sie einlassen, desto mehr erstaunt uns ihre Andersartigkeit, verglichen mit unserer eigenen Existenz.

Zu schnell sind wir bereit, auf unsere Erfahrungen bau-
end, Erklärungen für andere zu finden und abzugeben. Um
dem zuvorzukommen, müssen wir uns auf möglichst an-
dersartige Konzepte einlassen, um da Hilfe zu finden. Ein
Weg dorthin wäre, dass wir uns die Pflanze als eine Art
konsequenter und umfassender Umstülpung unserer eigenen Existenz und Lebensform vorstellen. Unter »Umstülpung« verstehen wir, dass alles, was innen ist, zum Aussen,
sowie alles, was unten liegt, zum Oben wird. Zum Beispiel
die Gestalt des Baumes: Seine Bildung einer äusseren Oberfläche, in den Umkreis ausgreifend, angelegt durch Äste,
Zweige, Blätter, finden wir in Tieren und Menschen als Innenraum, wie im »Lungenbaum« nach innen angelegt und
zugleich noch auf dem Kopf stehend.

Statt eines (tierischen oder menschlichen) Wesens, das
uns aus seinen seelenvollen Augen anschaut, suchen wir
dann durch Umstülpung ein neues Erlebnis: Jetzt wäre es
die Umgebung, die ihrerseits seelenvoll in das Wesen hin-
einschaute. Wir stünden schliesslich vor einem Seienden,
das nicht fordert, sondern duldet; das nicht von Eigensucht
und Abgrenzung bestimmt lebt, sondern aus der Lust des
Sichverströmens, gelenkt und gezogen von der Neigung

zum Zusammenwirken. Nicht ein Wettkampf ums Überleben und der Drang zur eigenen Entfaltung entwickelten sich, wohl aber die Hingabe zur Kooperation, gewonnen aus dem grossen vielfältigen Zusammenhang.

Schliesslich steht ein Wesen vor uns, das die uns geläufigen Konzepte der Ethik verlässt. Und wir nehmen das stille, täglich wiederholte Angebot der Pflanze, uns ihr Leben einzuverleiben, bedenkenlos an.

Warum haben wir noch wenige ethische Konzepte entwickelt, die uns anregen, einem solch selbstlosen, zugleich alles umfassenden, atmenden Wesen seine eigene Würde zuzusprechen? Was für ein Sprung in die weitere Entwicklung müsste uns Menschen gelingen, damit wir künftig der Pflanze, ihrer enormen Lebendigkeit und Sensibilität, als Gemeinschaft gerecht zu werden vermöchten, trotz und gerade aus unserem eigenen freiheitsliebenden, selbstbezogenen, der Autonomie verschriebenen Wesenskern heraus? Gängige Ökologiebemühungen sind schon viel, werden aber dazu nicht reichen.

Die Pflanze ist potentiell unsterblich

Die menschliche Selbsterfahrung ist geprägt durch die Einmaligkeit der Existenz und des nicht zu verstehenden Lebensendes, des sogenannten Todes. Selbstverständlich gibt es keine Lebewesen, die nicht auch verschwinden, wie wir Menschen dies an unserem Lebensende tun. Bei der Pflanze scheint aber »Leben« einige zusätzliche Qualitäten zu besitzen, die wir an uns nicht erfahren.

Die Pflanze hat die Fähigkeit, sich aus einer einzigen Zelle wieder neu aufzubauen. Sie kann sich teilen und über viele Jahre vegetativ vermehren. Ihr »Lebenslauf« vollzieht sich aber trotzdem in erkennbaren Stufen und Gesten. Eine einjährige Pflanze keimt aus einem Samen, bildet in schnellen, wuchtigen Gesten ihren Pflanzenkörper auf – Stängel und Blätter – und beginnt dann mit feiner werdenden Bildungen Blüten zu zeigen. Damit öffnet sie sich für eine Begegnung mit Wind oder Insekten, gleichzeitig versprüht sie sich in die Umgebung und beginnt körperlich zu verhärten und zu vertrocknen. Befruchtet, in einem zunehmend steifer und holziger werdenden Gerüst, bildet sie einen Fruchtboden, wölbt diesen auf, um dann in einem weiteren Verhärtungs- und eigentlichen Absterbe- und Konzentrationsprozess die Samenbildung zu vollziehen. Schliesslich zerstäubt die Samenkapsel, verfault die Frucht oder wird gefressen, und übrig bleibt ein Samen. Wir finden wenig abruptes Verschwinden, dafür mehr strömendes, versprühendes und sich wieder zurückziehendes, zurücklassendes Leben, das räumlich und zeitlich pulsiert zwischen einem lebenden Punkt (Samen) und einem Leben im Umkreis (Blüte und Pollen).

Samen bleiben lange keimfähig, sind also nicht wirklich Leichname. Sie reagieren auf Anreize von aussen und bestimmen den Zeitpunkt ihrer Neuentfaltung auch selbst. So gesehen ist die einzelne Pflanze eine Strophe eines fortwährend gesungenen Liedes, das nicht endet, sich aber hochempfindsam mit der Zeit und in der Zeit ausbreitet und entwickelt.

Die Pflanze ist potentiell unsterblich. Ist es dieses »Mehr an strömendem Lebensfluss«, das uns an den Pflanzen nährt? Man könnte sich vorstellen, erst dann von Tod im Pflanzenreich zu sprechen, wenn eine Pflanze definitiv ausgestorben ist, was ja auch immer mit dem Verlust des ganzen Lebensraumes zusammenhängt. Oder wenn sie umgekehrt als neue Variante durch menschliche Eingriffe aus ihrem Umgebungsnetz des strömenden Lebensliedes herausgezüchtet wird und in einer standardisierten Umwelt nur dank unnatürlichen Massnahmen wie Pilzgiften, künstlicher Düngung, Wassergaben und Insektiziden überhaupt überleben kann (siehe auch S. 20–22).

Florianne Koechlin

Wir sind mit der Pflanze verwandt

Pflanzen und Tiere sind aus erdgeschichtlicher Sicht sehr jung. Die höheren Pflanzen entstanden vor rund 400 Millionen Jahren, als Nachkommen von Grünalgen das Land eroberten. Die ersten Vorfahren heute existierender Tierarten lebten vor rund 500 Millionen Jahren. In den drei Milliarden Jahren zuvor existierten nur einzellige Lebewesen. In diesem für uns unvorstellbar langen Zeitraum entwickelten sich die Zellen weiter. Sie bildeten nicht unbedingt optimale Formen oder Grössen aus, sondern entwickelten eine optimale Flexibilität. Während dieser drei Milliarden Jahre entstanden alle elementaren Grundformen für die späteren Ernährungs- und Stoffwechselvorgänge von Pflanzen und Tieren. So auch die Art und Weise, wie Zellen miteinander kommunizieren, nämlich mit Hilfe von Signalstoffen oder elektrischen Impulsen. Die Zellen waren in dynamische Beziehungsgeflechte eingebunden; sie kommunizierten, agierten und reagierten ständig miteinander. Aus diesen interagierenden einzelligen Lebewesen entwickelten sich schliesslich Pflanzen und Tiere parallel in eine andere Richtung weiter.

Pflanzen, Tiere und Menschen haben also gemeinsame Wurzeln, Pflanzen sind mit uns verwandt. Unsere Ähnlichkeiten auf der Zellebene sind in unserer gemeinsamen Geschichte begründet. Auf den darüber liegenden Ebenen – den Geweben oder einzelnen Lebewesen – unterscheiden sich

Pflanzen und Tiere radikal. Der Punkt ist aber: Beide haben im Laufe der Evolution eine grosse Flexibilität erreicht, um sich an eine sich ständig verändernde Umwelt anpassen zu können. Diese Anpassung geschieht auf ganz unterschiedliche Weise: Tiere sind flexibel, weil sie ein Gehirn und ein Nervensystem haben und sich fortbewegen können. Pflanzen passen sich an ihre Umgebung an, indem sie Wachstum und Entwicklung variieren. Ein Löwenzahn auf einem Mergelweg unterscheidet sich zum Beispiel gewaltig von einem Artgenossen einen Meter nebenan, im schattigen Gras. Der eine: klein, mit ledrigen Blättern und geduckter, kleiner Blüte. Der andere: hochgewachsen, grosse dunkelgrüne Blätter, ausladende tiefgelbe Blüte. Gut möglich, dass sie beide von Samen derselben Eltern abstammen, doch welch Unterschiede in Gedeihen, Grösse, Farbe, Ausdruck!

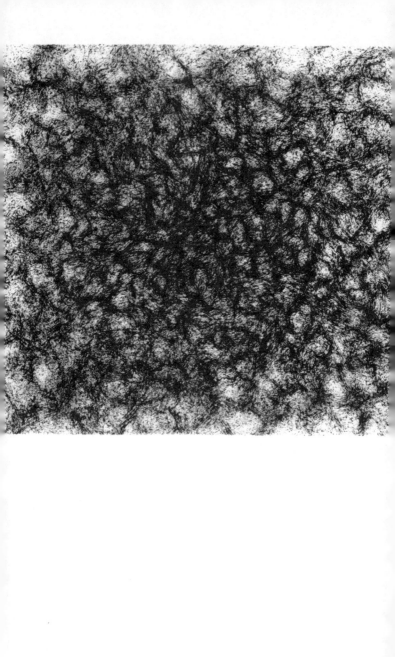

II.

Was leistet das Pflanzengenom?

Daniel Ammann

Pflanzengenome beinhalten Ungeahntes

Das grösste je sequenzierte Genom[39] ist das einer Pflanze. Die Erbsubstanz der giftigen Einbeere *Paris japonica* trägt 150 Milliarden Basenpaare. Damit ist ihr Genom etwa fünfzigmal grösser als jenes des Menschen. Allerdings nimmt man heute an, dass die Genomgrösse nicht unbedingt die Komplexität einer Art widerspiegelt. Und dennoch, in einer Spezialausgabe zum 125-jährigen Bestehen der Fachzeitschrift *Science* unter dem Titel »Was wissen wir nicht?« wurde die Frage gestellt: »Warum haben Menschen so wenige Gene?«[40] Beleidigt die Einbeere den Menschen? Warum die Einbeerenart ein so riesiges Genom entwickelt hat, ist noch unklar.

Immer mehr Pflanzengenome werden entschlüsselt. Die Totalsequenzen von beispielsweise Reis, Kartoffel, Tomate, Mais, Birne, Soja, Hirse, Melone, Gerste, Gurke, Zwergbirke, Gemeiner Fichte, verschiedenen Gräsern, Papaya, Banane, Ölpalme oder Dattelpalme sind heute bekannt. Inzwischen sind auch Tausende Genome von Bakterien und Viren total sequenziert. Unzählige Genome von Tieren, wie Schimpanse, Kuh, Ratte, Maus, Zebrafisch, Honigbiene, Hund, Pferd, Tiger oder Seeigel bis zu Ameise, Auster oder Schmetterlingen, sind ebenfalls komplett entschlüsselt. Aber am meisten Information liegt über das Humangenom vor.

Im Jahre 2001 wurde die vollständige Sequenzierung des menschlichen Genoms verkündet.[41] Der vormalige

US-Präsident Bill Clinton hatte bereits im Vorfeld der Publikation in der Zeitschrift *Nature* von einem »Geschenk Gottes« gesprochen. Chemienobelpreisträger Walter Gilbert brachte die Entschlüsselung mit der »Suche nach dem Heiligen Gral« in Verbindung. Seit April 2003 gilt die genaue Abfolge der 3,2 Milliarden Nukleotidbuchstaben[42] im menschlichen Genom als bestimmt. Gefunden wurden etwa 30 000 für Proteine codierende Gene. Der Anteil nichtcodierender DNA[43] im Genom des Menschen wurde damals auf etwa fünfundneunzig bis achtundneunzig Prozent geschätzt. Man nannte sie abschätzig *junk DNA* (Ausschuss-DNA).

Noch während weitere Genome totalsequenziert wurden, wurde bereits früh ein Folgeprojekt zum Humangenomprojekt gestartet. Es trägt den Namen ENCODE (Encyclopedia of DNA Elements).[44] Sein Ziel war und ist es, die nichtcodierende DNA zu erforschen. ENCODE erbrachte bereits das Ergebnis, dass im menschlichen Genom erheblich mehr DNA aktiv ist, als anfänglich angenommen. Während früher gerade einmal zwei Prozent der DNA Genen zugeordnet wurden, die für Proteine codieren, sind gemäss ENCODE etwa achtzig Prozent der DNA funktional aktiv, und sechsundsiebzig Prozent des Genoms werden in mRNA (*messenger RNA,* Boten-RNA) übertragen. Im Genom wurden mehrere Millionen regulatorische Elemente nachgewiesen. Sie sind Teil des Regelwerks des Lebens. Es gibt somit nach neuen Erkenntnissen keinen Ausschuss, nichts Unbrauchbares oder Überflüssiges im Erbgut. Die jahrzehntelang verschmähte *junk DNA* erweist sich als ein gewaltiger Lenker für die Abläufe in den Zellen. Die Molekularbiologie erkennt langsam ein schier unermesslich organisiertes Genom, das immer mehr überrascht und voller ungeahnter Zusammenhänge ist. Beispielsweise wurde kürzlich erkannt, dass nicht alle menschlichen Zellen das gleiche Genom enthalten.[45] Bis dahin war noch das genaue Gegenteil angenommen worden. Unerwartet wird die Frage neu gestellt: »Was ist ein Genom?«[46] Das Verständnis seiner Architektur wird zur Herausforderung.[47]

Dazu kommt die Epigenetik (siehe auch S. 58–61). Sie erforscht die Faktoren, die das Ablesen der genetischen Informationen regulieren: »DNA ist wie ein Tonband, auf dem Informationen gespeichert sind, und ein Tonband nützt uns ohne ein Abspielgerät gar nichts. Die Epigenetik befasst sich mit dem Tonbandgerät.«[48] Sie untersucht Eigenschaften, die vererbt werden, aber nicht in der DNA-Sequenz festgelegt sind. Es interessieren Veränderungen an den Chromosomen, durch die Abschnitte oder ganze Chromosomen in ihrer Aktivität beeinflusst werden (epigenetische Veränderung). Die Veränderungen können beispielsweise durch eine DNA-Methylierung[49] oder eine Modifikation einer Gruppe von Eiweissmolekülen, den Histonen, erfolgen. Das dahinterstehende Programm der Zellen ist in ihrem Epigenom[50] gespeichert. Durch epigenetische Kontrollen werden Gene stillgelegt, können aber durch Veränderung der epigenetischen Strukturen wieder aktiviert werden. Die epigenetische Codierung kann sich in verschiedenen Geweben, in verschiedenen Stadien der Entwicklung, unter verschiedenen Umweltbedingungen unterscheiden. Bildhaft gesprochen, und oft zitiert, können epigenetische Abläufe im Genom ein bestimmtes genetisches Kapitel im Buch des Lebens so verändern, dass es unlesbar wird, besonders betont wird oder auf andere Kapitel verweist.

Das Dogma der Molekularbiologen, wonach – wie auf einer Einbahnstrasse – DNA erst in RNA[51] und dann am Ribosom[52] in Proteine übersetzt wird, beschreibt bei weitem nicht die tatsächliche Komplexität der Vorgänge: Es werden immer mehr Mechanismen und Zusammenhänge im Genom entdeckt. Das Humangenomprojekt wurde 2003 abgeschlossen. Vieles blieb unbeantwortet, neue Projekte wurden lanciert. ENCODE, das Human Epigenome Project[53] und auch weitere, zukünftige Projekte in der Genomforschung könnten theoretisch noch sehr lange weiterlaufen.

Wie das menschliche Genom, so sind auch Pflanzengenome etwas Grossartiges und beinhalten Ungeahntes. Sie zeichnen sich durch eine besondere Flexibilität aus, beispielsweise bei den Regulationsmechanismen der Genexpression. Dies manifestiert sich in der hohen Anpassungsfähigkeit von Pflanzen als ortsgebundenen Organismen an wechselnde Umweltbedingungen. Auch epigenetische Vorgänge sind in den Pflanzen stark ausgeprägt. Sie können Erfahrungen von erworbenen Eigenschaften an die Nachkommen weitergeben (siehe auch S. 58–61).

Der Frage »Was ist das Leben?«, die nicht zuletzt Thomas Mann in seinem Roman *Der Zauberberg* eindringlich mit Blick auf die Wissenschaft umkreiste,[54] steht auch die Genomforschung, trotz immer neuer Erkenntnisse, hilflos gegenüber. Niemand kennt den Punkt, an dem Leben entspringt und sich in der Wirklichkeit entzündet. Es muss offengelassen werden, ob die Organisation im Genom je verstanden werden wird und ob sie über das Materielle hinausgeht. So bleibt uns das Leben der Pflanzen weiterhin geheimnisvoll.

Florianne Koechlin

Pflanzen erinnern sich an vergangene Ereignisse

Pflanzen können bei drastischen Umweltveränderungen nicht einfach fliehen wie Tiere. Sie sind mehr oder weniger an ihren Standort gebunden. Wie ist es aber möglich, dass sie sich immer wieder unglaublich schnell und gut anpassen können? Dass sie sich an vergangene Ereignisse erinnern und daraus lernen können? Eine Antwort lautet: dank der Epigenetik.

Epigenetische Veränderungen des Erbgutes kommen bei Tieren, Menschen und Pflanzen vor, sind aber wahrscheinlich bei Pflanzen stärker verbreitet und ausgeprägt. Ihr Erbgut ist besonders flexibel und anpassungsfähig – man spricht auch vom *fluid genome* (dem »flüssigen Genom«) –, unter anderem dank der Epigenetik.

Epi heisst auf Griechisch »darüber«. Epigenetik ist ein System, das sich »über den Genen« befindet, ein übergeordnetes Informationssystem, mit dessen Hilfe eine Zelle ihre Gene an- und abschalten kann. Dieses An- und Abschalten kann von der Umwelt beeinflusst werden.

Ein Beispiel aus der Tierwelt: Randy Jirtle von der Duke University in Durham, North Carolina,[55] mischte schwangeren Mäusen die Zusatzstoffe Vitamin B_{12} und Folsäure ins Futter. Die Mäusemütter hatten eine gelbliche Fellfarbe und waren ziemlich dick. Sie gebaren aber schlanke und braune Jungen. Jirtle fand bei den Nachkommen ein Gen, das durch die Zusatzstoffe der mütterlichen Nahrung stillgelegt worden war. Die *mütterliche Nahrung* hatte also direkten Einfluss auf die *Gene der Embryonen.* »Du bist, was deine Mutter ass«, hiess es in einer Wissenschaftszeitschrift über diesen Versuch.

Inzwischen gibt es viele weitere Beispiele bei Pflanzen, Tieren und auch Menschen, die zeigen, dass sich Umweltfaktoren wie Nahrung oder Stresssituationen via Epigenetik direkt auf bestimmte Gene auswirken. So können sich kleine Botenstoffe, sogenannte Methylgruppen, wie Post-its an ein bestimmtes Gen heften und es stilllegen. Beim Mausexperiment deaktivierten solche Methylgruppen aus der Zusatzdiät der Mutter das sogenannte Agouti-Gen im Erbgut der Embryonen. Lösen sich die »Post-its« vom Gen, ist es wieder aktiv. Die Botenstoffe können ein Gen sogar variabel regulieren, so wie ein Dimmer die Helligkeit einer Lampe steuern kann. Wichtig ist: Bei einer epigenetischen Veränderung werden die Gene selbst nicht verändert, sondern nur deren Aktivität. Epigenetische Informationen können gespeichert werden und bilden den Erinnerungsschatz eines einzelnen Individuums.

Ein Beispiel aus dem Pflanzenreich:[56] Ein Team um Georg Jander vom Boyce Thompson Institute for Plant Research in Ithaca, New York, kultivierte im Gewächshaus Tomatenpflanzen über mehrere Generationen in Abwesenheit jeglicher Frassfeinde. Dann setzten sie Raupen auf die Pflanzen, die an deren Blättern frassen. Die Gewächse begannen sich langsam zu wehren und bildeten Toxine. Doch einmal angegriffene Pflanzen konnten sich bei einer späteren Attacke schneller und effizienter zur Wehr setzen: Die Pflanzen erinnerten sich daran, wie sie die früheren

Angriffe pariert hatten. Sie lernten, ihre Abwehrbereit-schaft schneller zu mobilisieren. Diesem »molekularen Ge-dächtnis« liegen epigenetische Veränderungen zugrunde. Interessant ist nun, dass sich auch der *Nachwuchs* der an-gegriffenen Tomatenpflanzen schneller und besser gegen Frassfeinde wehren konnte. Auf diesen Nachkommen wur-den die Raupen nur halb so gross wie auf solchen, deren Eltern nie von Raupen angefressen worden waren.

Daraufhin machten die Wissenschaftler die gleichen Untersuchungen mit einer ganz anderen Pflanze, der Ackerschmalwand *(Arabidopsis)*. Sie erhielten ähnliche Re-sultate: Auch die nicht mit der Tomate verwandte Acker-schmalwand konnte ihre erlernte Abwehrbereitschaft an die Nachkommen weitervererben. Sogar die übernächste Generation erinnerte sich an die Lebenserfahrung ihrer Grosseltern und wehrte sich schneller und besser als sol-che, deren Grosseltern nicht gelernt hatten, sich gegen Frassinsekten zu verteidigen.[57, 58]

Es könnte also ein weitverbreitetes Phänomen sein, dass Pflanzen ihre erworbenen Fähigkeiten an ihre Nachkom-men weitervererben. Auch wenn die Forschung noch in den Kinderschuhen steckt, gibt es bereits etliche solche Beispiele:[59] Wilder Rettich *(Raphanus raphanistrum),* der von Insekten geschädigt wurde, erzeugt mehr resistente Nachkommen als unbeschädigte Pflanzen. Die Gefleckte Gauklerblume *(Mimulus guttatus)* produziert mehr Pflan-zenhaare (Trichome), wenn die vorherige Generation von Insekten angefressen wurde. Tabakpflanzen, die vom Ta-bakmosaikvirus befallen wurden, erzeugen Nachkommen mit erhöhter Resistenz gegen dieses Virus für mindestens zwei Generationen. Wenn Ackerschmalwand einer erhöhten Temperatur ausgesetzt wird, sind zumindest die nächsten drei Generationen resistenter gegen Hitze. Nachkommen von Pflanzen, die in salzhaltigen Böden wuchsen, zeigen eine erhöhte Salztoleranz. Ackerschmalwand, die im Gewächshaus einem Trockenstress ausgesetzt war (durch ein Defizit an hohem Dampfdruck), vererbt das »Gedächtnis« an die widrigen Umstände an ihre Nachkommen. Diese können viel besser mit Trockenheit und Dürre umgehen.[60]

Manchmal werden epigenetische Veränderungen nur über wenige Generationen vererbt und gehen wieder verloren. Um beim Bild des »Post-its« zu bleiben: Manchmal fallen die »Post-its« ab, zuweilen bleiben sie aber haften und werden über viele Generationen weitervererbt.[61]

Das könnte Bedeutung für die Landwirtschaft haben: Kulturpflanzen wachsen heute oft dank massivem Einsatz von Insektiziden fast gänzlich ohne Frassfeinde auf. Sie haben gar keine Gelegenheit, zu lernen, wie sie sich zur Wehr setzen können. Ihre Nachkommen wissen das auch nicht. Wenn hingegen Elternpflanzen bei der Saatgutherstellung verschiedenen Frassfeinden und Krankheitserregern ausgesetzt würden und so lernen könnten, sich gut zu wehren, könnten sie die erworbenen Abwehrfähigkeiten an ihre Nachkommen weitervererben.

Darum braucht es dezentrale Züchtung auf dem Feld (und nicht bloss im Labor) und einen offenen, von Patenten ungehinderten Austausch zwischen Züchterinnen und Züchtern: Dies gibt es im Moment nur bei der biologischen Saatgutzüchtung (siehe auch S. 20–22 und 204–210).

Etliche Experimente deuten darauf hin, dass auch Wildpflanzen in jener Umgebung am besten gedeihen, in der schon ihre Eltern aufwuchsen. So zog ein Team um Laura F. Galloway und Julie R. Etterson wildwachsende Glockenblumen *(Campanulastrum americanum)* in verschiedenen Lichtverhältnissen auf. Wenn Eltern und Nachwuchs in gleichen Lichtverhältnissen aufgewachsen waren, war die Nachkommenschaft mehr als dreimal so fit, wie wenn Eltern und Nachwuchs anderen Lichtverhältnissen ausgesetzt waren. Offenbar vererben die Eltern ihre Lebenserfahrungen via Epigenetik an ihren Nachwuchs weiter.[62]

Thomas Gröbly

Wissen vom Nichtwissen über Pflanzen

Je mehr ich weiss, desto weniger weiss ich. Dieses Paradoxon ist in den Wissenschaften eine Selbstverständlichkeit. Nichtwissen stachelt die Neugier der Forschenden an. Wir gehen immer mehr ins Detail und schränken dabei den Blick ein. Diese Fokussierung hat riesige Wissensfortschritte gebracht. So wissen wir sehr viel über Zellen, Genetik oder die Photosynthese. Wir wissen auch immer mehr über Pflanzenkommunikation und die Kooperationen von Pflanzen mit Bakterien, Pilzen und anderen Lebewesen. Gleichzeitig birgt das Nichtwissen auch eine Gefahr in sich: Was wir nicht wissen, existiert nicht. Was ich nicht wahrnehmen und beschreiben kann, fällt durch unsere Wahrnehmungsmaschen. Dadurch bin ich zwangsläufig beschränkt. Wie gehe ich mit dieser Beschränkung um?

Ein Fortschrittsoptimist sieht Nichtwissen als ein Nochnicht-Wissen. Er muss darüber nicht viele Gedanken verlieren. Weitere und vertiefte Forschungen bringen Neues ans Licht, und eines Tages werden alle Geheimnisse des Lebens und Zusammenlebens gelüftet. Für den Skeptiker gehört Nichtwissen zu einer anthropologischen Konstante. Sie beeinflusst seine Werthaltungen. Er forscht ebenfalls weiter, akzeptiert jedoch die eigene Beschränkung und respektiert die Geheimnisse der Pflanzen. Was die Welt im Innern zusammenhält, ist aus seiner Sicht nie in seiner umfassenden Komplexität erkennbar. Nichtwissen treibt die Forschung an, kann aber den Forschenden auch eine Leitplanke geben. Angesichts der beschriebenen neuesten Erkenntnisse scheint es unrealistisch, dass wir eines Tages das Leben der Pflanzen vollständig verstehen werden. Jede neue Erkenntnis wird wiederum neue Fragen aufwerfen. Wissen erzeugt also Nichtwissen. Die adäquate Haltung gegenüber Pflanzen und allen Lebewesen sind daher Achtung und Respekt.

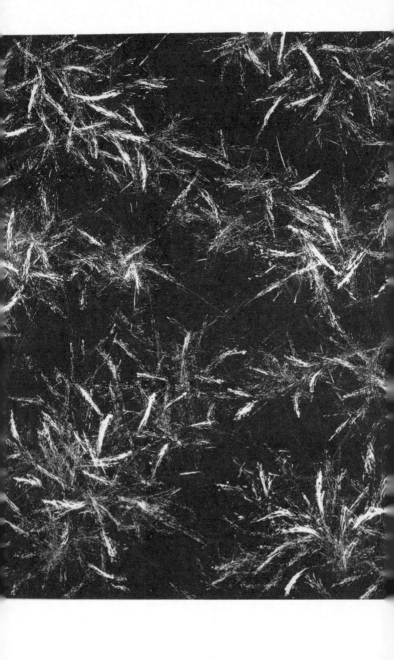

III.

Wovon erzählt uns die Pflanze?

Thomas Gröbly, Andres Wiemken

Pflanzen begründen unsere Kultur

Alle Menschen atmen dieselbe Luft, trinken dasselbe Wasser und leben von denselben Kohlenstoff- und Mineralstoffverbindungen. Wir wollen uns verwirklichen und haben deshalb kaum voneinander abweichende Ziele: Wir wollen ohne Leiden leben, wollen uns fortpflanzen, wünschen gesunde Nachkommen und sind froh, wenn wir genug zu essen und zu trinken haben. Wir wollen unsere Potentiale entfalten und Beziehungen mit uns Nahestehenden eingehen. Dies könnte auch für Pflanzen zutreffen. Daran verschwenden wir kaum einen Gedanken. Wir nutzen Pflanzen zwar täglich, nehmen ihre Bedürfnisse jedoch kaum wahr. Auf Gras spielen wir Fussball, als Unkraut bekämpfen wir sie, mit ihrem Holz bauen und wärmen wir unsere Häuser, als Nutzpflanzen essen wir sie und kleiden uns mit ihren Fasern. Mit jedem Atemzug verbrauchen wir auch den von ihnen durch Wasserspaltung in der Photosynthese produzierten Sauerstoff. Dabei würden wir, die eigentlichen Profiteure dieser Beziehung, ohne Pflanzen ersticken.

Praktisch alle wichtigen Kulturpflanzen sind schon in prähistorischer Zeit, vor etwa 10 000 Jahren, auf »unwissenschaftliche« Art und Weise – das heisst ohne das durch die moderne wissenschaftliche Methodik erlangte Wissen – entdeckt und gezüchtet worden. Das Weltbild der damaligen Menschen war von unserem heutigen sicherlich weit entfernt. Wir wissen nicht, wie sie es gemacht haben: wie durch Kreuzung einiger unscheinbarer Gräser der Weizen entstand; wie aus den federleichten Samenkörnern der Gräser, die beim kleinsten Windstoss abfielen, die schweren Körner unseres Weizens wurden, die auch nach der Reife noch fest an den Ähren haften. Diese bahnbrechenden Leistungen der Menschen im Neolithikum sind schwer zu erklären. Wir können nur erahnen, wie sie mit genauen Beobachtungen und Intuition die Potentiale der Wildpflanzen erkannten. So wählten sie die richtigen Vorfahren des Getreides – Weizen, Reis, Mais, Hirse – und anderer wichtiger Kulturpflanzen aus. Dank ihren Errungenschaften essen wir heute so gut und vielfältig, ja konnte unsere auf Landwirtschaft basierende Kultur überhaupt entstehen.

Pflanzen könnten auch die Zukunft der Menschheit mitbestimmen. Wir verbrauchen für unsere Zivilisation in kurzer Zeit die uralten pflanzlichen und tierischen Ablagerungen in Form von Kohle, Gas und Erdöl und damit die darin enthaltene konzentrierte Sonnenenergie aus Jahrmillionen. Pflanzen ermöglichten nicht nur unsere gegenwärtige Kultur, sondern werden uns helfen können, das klimaerwärmende Kohlendioxid aus der Atmosphäre zu binden.

Denise Battaglia

»Processes of no return«.
Über die zugreifende Naturwissenschaft

»(…) Wir haben angefangen, in die Natur hineinzuhandeln. (…) Zweifellos ist die Fähigkeit zu handeln die gefährlichste aller menschlichen Fähigkeiten und Möglichkeiten, und zweifellos ist ja auch, dass die Menschheit noch nie ein solches Risiko eingegangen ist wie in unserer Zeit.« (Arendt[63])

Am Anfang der modernen Naturwissenschaft war das Fernrohr, das selbstgebaute Teleskop von Galileo Galilei (1564–1642). Der Blick durch eines der ersten modernen Geräte bewies, dass sich nicht die Sonne um die Erde, sondern, umgekehrt, die Erde sich um die Sonne bewegt. Diese mittels eines Geräts entstandene Gewissheit löste im siebzehnten Jahrhundert zweierlei aus: zuerst den Zweifel Descartes', das heisst den radikalen Zweifel an den menschlichen Sinneswahrnehmungen. Dass die Erde sich bewegt, können wir weder sehen noch spüren, dass die Sonne auf- und untergeht, sehen wir dagegen jeden Morgen und Abend. Diesen Zweifel erhob der Naturwissenschaftler und Philosoph René Descartes (1596–1650) nach Galileis Entdeckung zum höchsten Prinzip der Wissenschaft: An allem sei zu zweifeln, schrieb er 1641.[64] Das Misstrauen gegenüber den sinnlichen Wahrnehmungen führte, zweitens, zur Überzeugung, dass allein die menschliche Vernunft in der

Lage sei, Wahrheiten zu erkennen. Descartes führte nach Galileis Entdeckung die Mathematik als das Modell aller Wissenschaften ein, da allein ihre Beweise evident und unanfechtbar seien. Die Sicherheit der Erkenntnis beruht für Descartes allein auf dem logischen Schlussfolgern.

Wie sehr Galileis Blick durch das Fernrohr die (Natur-)Wissenschaft veränderte und verändern würde, hat die deutsch-amerikanische Philosophin Hannah Arendt (1906–1975) in ihrem Buch *Vita activa oder vom tätigen Leben* sowohl rekonstruiert als auch vorausgesehen. Überspitzt formuliert, brachten die Erkenntnisse mittels Fernrohr den nach mathematischen Prinzipien verfahrenden und in die Natur eingreifenden Homo Faber (den Hersteller und Fabrikanten von Dingen) hervor. Er löste den beobachtenden und teilnehmenden Gelehrten ab. Während dieser sich auf die Natur als die Natur in ihrem eigenen Sein eingelassen hatte, zu der er sich selbst zugehörig fühlte,[65] distanziert sich der Homo Faber von der Natur, löst sich gleichsam aus ihr heraus – ein reiner Akt des Verstandes. Die Natur ist für ihn ein Objekt unter anderen, das erforscht und manipuliert werden kann.

Das prinzipielle Misstrauen gegenüber den menschlichen Sinneswahrnehmungen hat gemäss Arendt den »ungeheuren Aufstieg« der Naturwissenschaften überhaupt erst ermöglicht, weil die Unzuverlässigkeit der Sinneswahrnehmung und die daraus sich ergebende Unzulänglichkeit aller blossen Beobachtung sie zwangen, durch das Experiment handelnd in die Natur und die Naturprozesse einzugreifen. »Es hatte sich herausgestellt, dass der menschliche Wissensdurst nur gestillt werden kann, wenn er, statt einfach zuzusehen, zugreift. Schliesslich hatte ein Gerät, das von Menschen verfertigte Teleskop, der Natur, bzw. dem Universum, seine Geheimnisse abgezwungen. Und als die ersten Ergebnisse dieses neuen zugreifenden Forschens vorlagen, ergaben sich noch triftigere Gründe, dem Tun den Vorrang gegenüber der betrachtenden Beobachtung zuzugestehen«, schreibt die Philosophin.[66]

Die Wissenschaftler des siebzehnten und achtzehnten Jahrhunderts entseelten im wahrsten Sinn des Wortes die belebte Erde. Descartes verortete allein im menschlichen Gehirn den Sitz der Seele. Was nicht denken, das heisst schlussfolgern kann, ist für ihn eine seelenlose Maschine. Dazu gehört der menschliche Körper (funktioniert wie eine mechanische Uhr) ebenso wie Tiere (ein Hund ist nichts als eine Bellmaschine) und Pflanzen. Für Descartes wie für seinen Zeitgenossen Thomas Hobbes (1588–1679) haben Lebewesen dieselbe Grundstruktur wie die vom Uhrmacher hergestellte Uhr, die zu Beginn der Neuzeit als *das* Vorbild für den Aufbau von Welt, Staat und Mensch diente.[67] Hobbes und Descartes reduzierten den lebenden Organismus auf dessen Mechanik und begründeten damit ein Modell, das Lebewesen als Automaten zu verstehen versucht. Was den Menschen von diesen Automaten abhebt, sind sein Bewusstsein (ich weiss, dass ich weiss)[68] und die Fähigkeit, logisch schlussfolgern zu können. »*Reckoning with consequences*«, mit Folgen rechnen, nannte dies Hobbes.[69, 70] Dies bedeutete, schreibt Hannah Arendt, dass der Mensch die Natur unter die Bedingungen des menschlichen Verstandes stellte und sich von dem

73

menschlichen Erfahrungsvermögen und damit von »der durch die Sinne vermittelten Wirklichkeit« löste.

Den neuen Wissenschaftler interessiert nicht mehr das Warum und das Was, also das Wesen der Dinge. Ihn interessiert das Wie, also die Konstruktion der Dinge, was durch das Experiment beantwortet werden soll. Die Akzentverschiebung des Wissenwollens ist laut Arendt der Annahme geschuldet, dass man nur wissen kann, was man selbst gemacht hat.[71] »Aus dem Experiment hat sich dann eine immer grössere Fertigkeit entwickelt, Elementarprozesse loszulassen (...), bis hieraus schliesslich eine regelrechte Kunst entstand, Natur ›zu machen‹.«[72]

Dass der Mensch damit begonnen hat, in die Natur hineinzuhandeln, erachtet Arendt als »ausserordentlich gefährlich«. In ihrem Buch *Vita activa oder vom tätigen Leben,* in dem sie sich mit der Frage befasst, was wir Menschen eigentlich tun, wenn wir tätig sind, zeigt sie auf, was das menschliche Handeln auszulösen vermag. Und zum Wesen des Handelns – ursprünglich eine Tätigkeit, die sich allein zwischen Menschen abspielt – gehört insbesondere, dass es Prozesse auslöst, deren Konsequenzen der Handelnde nicht zu übersehen und zu kontrollieren vermag. Handeln ist unberechenbar. Indem nun die naturwissenschaftliche Forschung in die Natur hineinhandelt, veranlasst sie laut Arendt Vorgänge, deren Ende ungewiss und unabsehbar ist, leitet sie Prozesse ein, die man nicht rückgängig machen kann, und erzeugt Kräfte, die im Haushalt der Natur nicht vorgesehen sind. »Die moderne Naturwissenschaft und Technik, für welche Naturprozesse nicht mehr Objekt der Beobachtung (...) sind, sondern die tatsächlich in den

Haushalt der Natur hineinhandeln, scheinen damit Unwiderruflichkeit und Unabsehbarkeit in einen Bereich getragen zu haben, in dem es kein Mittel gibt, Getanes und Geschehenes rückgängig zu machen.«[73]

Die Naturwissenschaft sei heute eine Wissenschaft von irreversiblen, nicht umkehrbaren Prozessen, von *processes of no return*, warnte die Philosophin schon Ende der 1950er Jahre.[74] Hannah Arendts Befürchtungen sind heute, fast sechzig Jahre später, aktueller denn je.

Nichts als die reine Logik

Wie sehr heute die reine Logik aller sinnlichen Wahrnehmung übergeordnet wird, zeigt ein Aufsatz von Peter Carruthers,[75] Philosoph an der Universität Oxford. Carruthers definierte darin 1989 ganz nach Descartes das Bewusstsein als die Fähigkeit, Vorstellungen zweiter Ordnung zu haben, das heisst die Fähigkeit, Ereignis A nicht nur zu erleben, sondern auch zu wissen, dass man Ereignis A erlebt. Aus dieser Definition leitet Carruthers durchaus logisch ab, dass Tiere, die nicht fähig sind, sich in dieser Art reflexiv zu ihren Erlebnissen zu verhalten, auch kein Bewusstsein haben. Die logische Konsequenz aus dieser Feststellung ist, dass sich Tiere auch nicht ihrer Schmerzen bewusst sein können, woraus der Philosoph wiederum bestechend logisch schlussfolgert, dass ihre Schmerzen kein unmittelbares Objekt moralischer Rücksicht sein können: »Hence, neither the pain of the broken leg itself, nor its further effects upon the life of

75

the dog, have any rational claim upon our sympathy«, schreibt er. Und deshalb könne man jenen Menschen, denen die Schmerzen von Tieren in Tierfabriken egal seien, auch keinen moralischen Vorwurf machen. Carruthers' Denken mag einen erschauern lassen, es ist in sich aber absolut logisch. Ist die erste Annahme einmal getroffen, folgt daraus die zweite und die dritte. Hannah Arendt nannte solche Schlussfolgerungen »ein Spiel des Verstandes mit sich selbst«[76].

Martin Ott

Wie Landwirte über Pflanzen denken

Landwirt sein heisst neben allen Vorteilen an ursprünglichen Erfahrungen auch, in seiner eigenen Existenz direkt und unmittelbar vom Wachstum und Ertrag der Pflanze abhängig zu sein. Dies gilt insbesondere für Ackerbauern. Um ihre Kulturpflanzen gesund zu erhalten, sind moderne Landwirte unablässig gezwungen, gegen Insekten, Pilze, Unkräuter, Pflanzenkrankheiten und viele weitere Unwägbarkeiten anzukämpfen.

Moderne Hochertragssorten sind allgemein weniger elastisch in ihren Ansprüchen und so auch weniger störungstolerant als biologisch gezüchtete Sorten. Sie sind auf ideale saisonale Voraussetzungen und konsequenten Krankheitsschutz angewiesen. Nur so können Landwirte, die diesen Weg einmal eingeschlagen haben, von der Landwirtschaft leben. Ihnen droht aber im Kampf gegen diese negativen Einflussfaktoren und durch gewohnheitsmässigen Gebrauch des bestehenden Arsenals an Angeboten der Blick auf die Pflanze zu entgleiten (siehe auch S. 71–75).

Der Biolandbau versucht einen anderen, partnerschaftlichen Weg zu gehen. Weltweit wird aber weniger als ein Prozent der Forschungsgelder für einen kooperativeren Umgang mit Nutzpflanzen, Nützlingen, Pflanzenstärkungsmitteln oder Mischkulturen aufgewendet.

Die Fachzeitung *Schweizer Bauer* lud einen Landwirt, einen Pflanzenbauberater einer privaten Firma und einen Berater einer öffentlichen Institution ein, um Strategien zum Anbau der sechs wichtigsten Ackerkulturen zu diskutieren.[77] Am Gespräch[78] zur Gerste nahmen teil:

Christoph Frei: Er bewirtschaftet einen mittleren Ackerbau- und Milchwirtschaftsbetrieb in Aesch ZH und sät jedes Jahr Gerste.

Martin Schärer: Er ist Pflanzenbauberater bei der fenaco in Winterthur und bewirtschaftet daneben einen Ackerbau- und Grünlandbetrieb in Grüt ZH. Er baut auch Braugerste an.

Martin Bertschi: Er ist Lehrer und Pflanzenbauberater am Strickhof Lindau ZH.

Bertschi: Einige Landwirte wollten ihre Gerste letztes Jahr auf Ende September säen, konnten aber erst um den 20. Oktober. Diese späten Saaten sind aber super gekommen.

Schärer: Man kann das aber nicht generalisieren. In einem Herbst wie dieses Jahr funktioniert das wieder. Wenn es aber ab Mitte November kalt wird und einen strengen Winter gibt, kann es mit Spätsaaten schon heikel werden.

Frei: Meine Erfahrung ist, dass Gerstensaaten vor dem 1. Oktober keinen grossen Sinn machen. Früh gesäte Bestände werden oft gelb und krank. Ich habe letztes Jahr erstmals die zweizeilige[79] Sorte Cassia gesät. Mit einer Saatdichte von 300 Körnern pro Quadratmeter habe ich auf einem leichten Boden über 100 kg/a gedroschen.

Schärer: Die leichten Böden waren heuer mit dem nassen Frühling im Vorteil.

Bertschi: Die Pflanzen wurzelten in diesen Böden besser in die Tiefe, was ihnen im trockenen Juni zugutekam.

Frei: Die ersten beiden Stickstoffgaben haben auf den kalten Böden kaum Wirkung gezeigt. Ich dünge eher etwas später, in der ersten Märzwoche. Wenn es jedoch den ganzen März trocken bleibt, sollte man besser im feuchten Februar noch düngen.

Schärer: Bei früh mit Ammonsalpeter gedüngten Beständen ist dieses Frühjahr der Stickstoff zu tief eingewaschen worden und hat bei der Kornfüllungsphase gefehlt. Der Harnstoff blieb unter den nassen Bedingungen beständiger.

Bertschi: Bei der Gerste ist es besser, anstelle einer fixen Düngestrategie den Bestand im Frühling zu beurteilen und anschliessend mit dem Zeitpunkt und der Menge der Düngung zu reagieren.

Frei: Ausser Gülle auf die Getreidestoppeln vor der Saat gebe ich keinen Dünger im Herbst. Im Frühling gebe ich drei Gaben.

Schärer: Die Unkrautbekämpfung wird bei der Gerste in der Regel im Herbst abgeschlossen. Bei starkem Kleberndruck[80] muss im Frühling nachbehandelt werden.

Frei: Ich habe dieses Jahr das neue Fungizid Aviator Xpro eingesetzt. Schlagen diese neuen Mittel wirklich besser an?

Schärer: Ich denke schon. Durch die neue Zusammensetzung wurde die Wirkung verbessert. Es war allerdings auch entscheidend, wie lange die Mittel Zeit hatten, um zu trocknen.

Frei: Die Tendenz geht eher in Richtung einer Ährenbehandlung. Meist ist man mit der Fahnenblattbehandlung[81] fast ein bisschen zu früh. Ich habe das erste Fungizid Anfang

Mai eingesetzt. Es ist wichtig, zu warten, bis die Krankheiten da sind.

Bertschi: Es lohnt sich, zu überlegen, welches Fungizid man bei der zweiten Behandlung einsetzt. Der Greening-Effekt[82] ist nicht zu unterschätzen.

Frei: Ja, ein Amistar hat dort nichts mehr verloren. Aber ein Aviator geht schon.

Frei: Ich habe im Stadium 31/32[83] (1–2 Knoten) mit Moddus verkürzt[84]. Wenn die Gerste wirklich dicht ist, fahre ich noch ein zweites Mal mit Medax Top in stark reduzierter Dosis. Und dann im Stadium 34 (Fahnenblatt) verkürze ich noch einmal mit Cerone.

Schärer: Die Verkürzung hat heuer extrem gewirkt. Weil man spät war und die Strahlung aufgrund des Sonnenstandes bereits hoch war.

Frei: Ja, viele, welche zum zweiten Mal gefahren sind, haben die Gerste regelrecht verbrannt. Daher ist es sicherer, die zweite Behandlung zu splitten und zu schauen, ob die Wirkung bereits genügt.

Bertschi: Wenn man spät verkürzt mit einer hohen Dosierung und einer guten Wirkung, besteht die Gefahr, dass die Ähre eingekürzt wird. Das gibt Ertragsverlust. Ausserdem können Krankheiten schneller zur Ähre hochwandern, wenn die Blätter so nahe beieinanderstehen. Bei den neuen, kurzen Sorten muss man sehr vorsichtig sein.

Frei: Wie sieht es eigentlich aus mit den Hybridsorten[85]? Ich habe den Eindruck, dass diese Sorten noch wenig konstant sind.

Bertschi: Die Hybride halten mit den besten Liniensorten[86] mit, aber sie haben keinen grossen Vorsprung. Ich frage mich, ob es sich bei Spätsaaten, welche mit normaler Saatstärke gesät werden müssen, wirklich lohnt, teures Hybridsaatgut einzusetzen, oder ob man nicht besser auf Weizen setzt.

Schärer: Die Bestockungsleistung[87] der Hybriden ist schon eindrücklich.

Frei: Aber es ist wichtig, dass man dann im Frühling trotzdem Dünger bringt, sonst verhungert die Gerste. Aber nicht zu früh.

Bertschi: Die Ertragsunterschiede Intenso/Extenso waren in diesem Jahr sehr gross. Die nasskühle Witterung im Frühling hat die Pilze gefördert. Dadurch hat sich ein Fungizideinsatz eher gelohnt. In normalen Jahren machen sich die 400 Franken Extensobeitrag bei den tiefen Gerstenpreisen aber schnell einmal bezahlt.

Frei: Das stimmt. Wenn man sich für die intensive Strategie entscheidet, muss man 100 kg/a dreschen.

Schärer: Die Wirtschaftlichkeit der Gerste ist leider ernüchternd. Es wäre eine interessante Kultur vom Vegetationsverlauf und von der Fruchtfolge her.

Florianne Koechlin

»Die Reispflanze war meine Lehrerin«

Der französische Jesuitenmönch Henri de Laulanié (1920–1995) war während seiner vierunddreissig Jahre in Madagaskar als Landwirt und Berater vor allem eines: ein geduldiger Beobachter der Reispflanze. Er beobachtete, wie sie wuchs, in welchem Boden sie sich besonders gut entwickelte und welche Bodenlebewesen ihr dabei zu Hilfe kamen, wie viel Raum ihre Wurzeln einnehmen wollten, wie viel Wasser sie in welchen Wachstumsperioden wirklich benötigte, wie viel Licht, Sonne und Schatten ihr am besten bekamen. »Die Reispflanze war meine Lehrerin«, bemerkte er einmal. Seine langjährigen Beobachtungen führten ihn dazu, die Anbaumethoden von Reis drastisch zu verändern. System of Rice Intensification, kurz SRI, heisst das von ihm entwickelte System, und es ist eine beispiellose Erfolgsgeschichte.

Mit de Laulaniés System werden die jungen Reispflanzen bereits nach neun Tagen ins überflutete Feld verpflanzt anstatt wie bisher üblich nach fünfzig Tagen. Die Reispflanzen werden weit auseinander gesetzt – auch das ein Unterschied zum herkömmlichen, engen Anbau. So hat jede Pflanze mehr Raum und bildet viel mehr und kräftigere Wurzeln. Das Reisfeld wird auch weniger oft mit Wasser überflutet. Resultat: Die Erträge sind durchschnittlich fast doppelt so hoch, eine ausgewachsene Reispflanze hat bis zu 150 Halme statt nur fünf.

Reis ist die Hauptnahrung für die Hälfte der Weltbevölkerung. Doch die konventionellen Anbaumethoden bringen grosse ökologische Probleme mit sich: Die ständig gefluteten Reisfelder verbrauchen viel (kostbares) Wasser und produzieren viel klimaschädliches Methangas. Auch der hohe Dünger- und Pestizidverbrauch belastet die Umwelt. In dieser prekären Situation könnte SRI zu einer wichtigen Alternative werden.

Heute wenden vier bis fünf Millionen Bäuerinnen und Bauern rund um die Welt die SRI-Anbaumethode an.[88, 89] Sie können mehr Reis produzieren, brauchen dazu weniger Wasser, weniger Agrochemie und weniger Saatgut. Die Regierungen von China, Indien, Indonesien, Kambodscha und Vietnam – wo zwei Drittel der weltweiten Reismenge produziert werden – haben SRI in ihre Landwirtschaftspolitik aufgenommen.

Inzwischen steht das Kürzel nicht mehr bloss für System of Rice Intensification, sondern auch für System of Root Intensification. Die Methode wird ebenso erfolgreich beim Anbau von Hirse, Mais, Zuckerrohr, Tef, diversen Gemüsen und Weizen angewendet. SRI ist vor allem auch deshalb so interessant, weil allein eine Änderung der Anbaumethode – und nicht die Einführung neuer Hochleistungssorten – zu spektakulärem Erfolg führte.[90] Dies ist zudem ein schönes Beispiel für eine Forschung »aus der Teilnehmerperspektive« (Günter Altner[91]): der Versuch, durch sorgsame Beobachtung der Reispflanze in ein »Gespräch« mit ihr zu gelangen und nach neuen Einsichten und letztlich nach anderen Wegen des Reisanbaus zu suchen, die der konventionellen Agrarforschung verborgen bleiben.

Wie also können wir die Bedingungen so gestalten, dass eine Reispflanze – oder irgendeine andere Kulturpflanze – ihr Potential optimal entfalten kann? Günter Altner beschreibt zwei unterschiedliche Herangehensweisen in den Naturwissenschaften: auf der einen Seite die Biologie des »Erklärens«. Das ist die klassische Naturwissenschaft, bei der es um die Schaffung von Rahmenbedingungen geht, unter denen die Natur beobachtet und berechnet werden kann. Dem gegenüber steht die Biologie aus der Teilnehmerperspektive, die Biologie des »Verstehens«, des geduldigen Beobachtens. Die teilnehmende Forschung ist eine wesentliche Ergänzung zur klassischen Forschung: Es braucht beide Ebenen, beide Wissenschaften, um zu neuen Erkenntnissen über Lebewesen zu gelangen (siehe auch S. 71–75).

Thomas Gröbly

Schlaraffenland

Immer zu essen
Und zu trinken
Voll im Saft
Aufwärts mit Kraft

Ich fühl mich nicht
Keine Leiden, Schmerzen
Krankheiten
Keiner Gewalt ausgesetzt

Keine fremden Sprachen
Farben, Gerüche
Und Sitten
Um mich

Nichts Neues unter
Der Sonne
Keine Bedrohung
Oder Verrohung

Leben ohne Sorge
Totale Vorsorge
Volle Fürsorge
Endloses Glück!

Leise Zweifel nagen:
Lebe ich mein eigenes Leben?
Auf welchem Grund
Und Boden stehe ich?
Kann ich mir selber helfen?

Was habe ich mit
Anderen zu tun?
Was schenke ich?
Bin ich frei?

Als Weizenpflanze auf dem
Feld?

Gertrud Fassbind

An den Zeichen erkennt man die Pflanze: Signaturenlehre

Pflanzen verfügen über eine unendliche Vielfalt an Farben, Formen, Gerüchen und Geschmäckern – ein regelrechtes Feuerwerk für unsere Sinne. Jede Pflanze hat ihre charakteristischen Kennzeichen und Merkmale *(Signum),* womit sie Aufmerksamkeit erregt (ein *Signal* sendet). Geübte »Spurenleser« erkennen darin die Zeichensprache der Natur, die das Innere – das Wesen und die Wirkung von Pflanzen – nach aussen offenbart.

Die sogenannte Signaturenlehre geht auf Paracelsus (1493–1541) zurück, einen der grössten Heilkundigen in der Geschichte des Abendlandes. Sie besagt, dass man von äusseren Pflanzenmerkmalen auf innere Charaktereigenschaften schliessen kann. Neben Farbe und Form werden beispielsweise der Standort der Pflanze, ihre Gesellschaft rundum, ihr Lebensrhythmus, das Verhalten, die Konsistenz, der Geruch und der Geschmack einbezogen – alles Eigenschaften, die direkt mit unseren Sinnen wahrnehmbar und beobachtbar sind.[92]

Die Signaturen sind das äussere Gewand. Die Zeichensprache kann wie ein Buch gelesen werden. Aber »wer hinter den Erscheinungen das Wesentliche, das Prinzip, das zugrunde liegende Gesetz sucht, hat es leichter, die Erscheinungen in ihrer Kompliziertheit im Zusammenhang zu verstehen«[93]. Erst das Sicheinlassen auf die Pflanze als Ganzes, das intuitive Wahrnehmen, um hinter dem Schleier der Erscheinungen das Wesentliche zu erkennen, vermittelte Paracelsus die entscheidenden Erkenntnisse über die Heilkräfte einer Pflanze. Seiner Ansicht nach wirkt eine Pflanze nur dann als Heilmittel, wenn das innere Wesen der Arznei in eine Resonanz mit dem Wesen des Menschen und seiner Krankheit kommt.

Die Signaturenlehre und das intuitive Wahrnehmen geben wichtige Informationen über die Wirkung einer Pflanze. Die heutige Wissenschaft kann mit der Analyse der Inhaltsstoffe die Heilwirkungen meist bestätigen, die Paracelsus allein durch Beobachten und Sicheinlassen erkannt hatte.

Probieren Sie es selbst am Beispiel der Zitrone: Sehen Sie genau hin, riechen und schmecken Sie an der Frucht. Vertrauen Sie Ihrer Intuition, lassen Sie sich ein auf eine neue Erfahrung. Welche Wirkung erschliesst sich Ihnen?

Signatur der Zitrone
Sehen: Die Schale der Zitrone ist hell- bis goldgelb (meist etwas heller/peppiger als bei anderen Zitrusfrüchten). Sie besteht aus einer kompakten, gefärbten, mit Ölbehältern besetzten Aussenschicht und einer ungefärbten Innenschicht, die luftig-porös-gummig wirkt. Die lederartige Schale dichtet stark ab. Das ätherische Öl tritt erst durch Reibung oder Verletzung der Oberfläche aus den Drüsen.

Der Saftkörper ist vorherrschend. Die dünnhäutigen Saftschläuche sind prall gefüllt mit Flüssigkeit, zusammengefasst und umhüllt von Segmenten (Schnitzen). Die dicke

Aussenschale schützt und konserviert das Saftige nochmals stark. Auch mit zunehmendem Alter ist die Zitrone immer noch saftig.

Die Saftschläuche wachsen als Fortsätze von der Innenseite der Schale in die Segmente hinein. So findet sich bei der Zitrone gleichzeitig ein Wachsen von aussen nach innen und das »normale« Wachsen einer jeden Frucht von innen nach aussen.

Die aufgeschnittene Frucht lässt die starke strahlenförmige Segmenteinteilung erkennen.

Schmecken und Riechen: Die Frucht wird nicht süss, wenn sie reif ist. Starke Säure herrscht im Fruchtfleisch vor. Zudem gibt es aromatisches Zitronenöl in der äusseren Schicht und Bitterstoffe in der Innenschicht der Schale. Vorwiegend Bitterstoffe finden sich auch in den Kernen.

Die Zitrone am Baum: Der Zitronenbaum trägt ganzjährig und gleichzeitig Blüten, unreife und reife Früchte – dies im Gegensatz zu unseren Obstbäumen mit einem festen Jahreszeitenrhythmus. Er ist ein stark verholzter, dorniger Baum, immergrün mit weich geformten, intensiv grünen Blättern, dazwischen leuchten die hellgelben Zitronen knallig. Der Zitronenbaum liebt das subtropische Klima mit ausgeglichenen milden Temperaturen und viel Licht.

Mögliche Schlussfolgerungen aus der Signaturbetrachtung
Beim Essen der Frucht steht die Säure im Vordergrund. Das weckt sofort, wirkt erfrischend, kühlend und zentrierend (zieht zusammen). Auch das Betrachten der Farbe sowie der intensive Duft der ätherischen Zitronenöle der Schale wirken belebend und anregend.

Mit der Zitrone essen wir vor allem Saftiges. Der pralle Saftkörper ist geformt und gut abgedichtet, die Säfte sind für lange Zeit konserviert. Zitronensaft in Wasser empfinden wir als durstlöschend und kühlend. Unsere Körpersäfte werden genährt. Wir schwitzen weniger, die Haut macht dicht.

Die starke Abdichtung der Schale lässt an eine »dicke Haut« denken. Zudem verströmt der Duft der Zitrone, sei es Aussenschale oder Saft, etwas Reinigendes. Die Zitrone lässt die Abwehrkraft erstarken.[94]

Das Strahlenförmige der Frucht (Segmenteinteilung) sehen die einen als nach innen zentrierend. Die Aussenschale wirkt stark abgrenzend, alles führt hin zur Mitte. Ist dieses Zentrum in unserem Körper der Magen,[95] der Solarplexus oder das Herz? Die Zitrone hilft uns (kon)zentrieren.[96] Die anderen sehen die Segmenteinteilung eher als nach aussen öffnend und strahlend wie eine Sonne. Letzteres wirkt zusammen mit der Farbe und dem Duft stimmungsaufhellend und lässt uns aufatmen. Der Brustkorb weitet sich. Das Strahlenförmige kann öffnen und gleichzeitig zentrieren.

Viel Gegensätzliches ist wahrnehmbar, sowohl in der Frucht als auch im Baum: zum Beispiel fehlender (Jahreszeiten-)Rhythmus, von innen nach aussen und umgekehrt wachsend, gegensätzliche Farben und Formen (Verholztes, Ledriges und Saftiges, Weiches), die ätherischen Öle und der Saft verströmen nicht, sondern werden zurückgehalten. Dies lässt auf einen ausgleichenden Effekt von Gegensätzen im Körper schliessen.

Zusammenfassend zeigt die Signaturbetrachtung: Die Zitrone macht uns präsent. Sie hilft uns zentrieren, abgrenzen, wach, heiter und offen sein. Sie nährt und bewahrt unsere Körpersäfte. Die Zitrone gleicht aus.

Florianne Koechlin

Züchtung als »Gespräch«

An der Erstellung der *Rheinauer Thesen II. Züchtung als »Gespräch«* (2011) arbeiteten einige Pflanzenzüchter mit, die biologisches Saatgut züchten. Auf unsere Frage, ob und wie ein »Gespräch« zwischen Pflanze und Züchter stattfinden könne, was sie von Pflanzen »lernen« könnten, welcher Art die Signale seien, die ihnen Pflanzen für eine Weiterzüchtung vermittelten, sagten sie, dass es schwierig sei, den Austausch zwischen Pflanzen und Züchtern zu beschreiben, den wechselseitigen Prozess in Worte zu fassen. Doch langjährige Beobachtung und eine intensive Auseinandersetzung mit Pflanzen könnten tatsächlich zu einer Art »Gespräch« führen. Das sei die Grundlage für ihre Züchtung.

In den *Rheinauer Thesen II* heisst es darum: »Pflanze und Züchter interagieren im Züchtungsprozess. Die Züchter können ein persönliches Verhältnis zu den Pflanzen aufbauen. In deren Reaktionen beobachten sie, ob ihre Annahmen richtig und ob die gewünschten Veränderungen – unter Respektierung des Wesens der Pflanze – möglich sind. Um einen mehrjährigen Dialog mit der Pflanze geht es, nicht um einen Monolog des Züchters« (siehe S. 206).

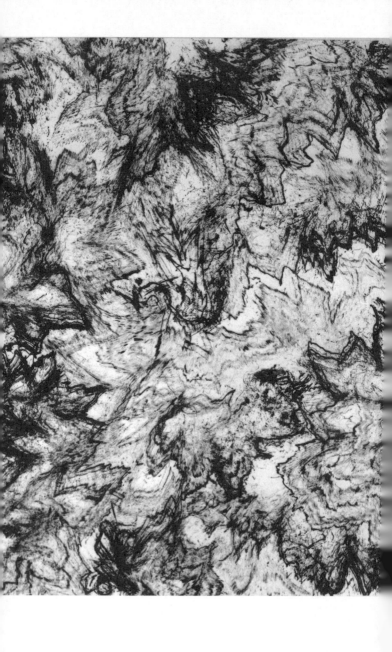

IV.

Was macht die Pflanze mit uns und mit anderen Lebewesen?

Daniel Ammann

Die Pflanze speichert Licht
und liefert es an Lebewesen

Je unkonventioneller sich die Wissenschaft mit der Pflanze beschäftigt, desto mehr treten ungeahnte Eigenschaften zutage, aus denen sich über Jahrzehnte Hypothesen ableiten, die quer zur etablierten Sicht der wissenschaftlichen Gemeinschaft liegen. Um Neuland nicht zu verkennen, müsste die Forschung bereit sein, sich auf neue Konzepte einzulassen und diese nicht a priori abzuweisen, sondern ihnen weiter nachzuspüren.

In einem wegweisenden Experiment beobachtete 1923 der russische Biologe und Mediziner Alexander Gawrilowitsch Gurwitsch (1874–1954) bei der Untersuchung der Teilung von Zwiebelzellen eine extrem schwache Photonenemission[97] (Lichtstrahlung), die er mitogenetische Strahlung nannte. Gurwitsch experimentierte mit Zwiebeln: Näherte er die Spitze einer Zwiebelwurzel A dem Schaft einer zweiten Zwiebelwurzel B, so wurden die Wurzelzellen der Zwiebel B an jener Stelle zu vermehrter Zellteilung angeregt, auf welche die Spitze der Zwiebelwurzel A gerichtet war. Eine Übertragung chemischer Stoffe von der einen Zwiebel auf die andere verhinderte er, indem er die beiden Zwiebelgewebe durch Gläser voneinander trennte. Legte Gurwitsch Fensterglas oder Quarzglas zwischen die beiden Zwiebeln, so stellte sich die Wirkung zwischen den Zwiebelpflanzen nur im Falle des Quarzglases ein. Im Gegensatz zum Fensterglas lässt das Quarzglas ultraviolette Strahlung passieren. Gurwitsch leitete daraus ab, dass zwischen den Pflanzenteilen ein Informationsaustausch mittels ultravioletter Lichtstrahlung ablaufen müsse. Er postulierte, dass dazu Licht einer bestimmten Wellenlänge notwendig sei.

1975 gelang dem deutschen Biophysiker Fritz-Albert Popp (* 1938) der experimentelle Nachweis einer ultraschwachen Photonenemission in pflanzlichen Zellen.[98] Popp nannte die Träger der ultraschwachen Zellstrahlung Biophotonen[99]. Es handelt sich seiner Meinung nach um elektromagnetische Wellen in Zellen und Zellverbänden, die weit über die Grenzen von Zellen hinausreichen und lichtschnelle Informationen zur Steuerung der Zellabläufe vermitteln können. Popp vermutete als Träger und Emissionsquelle der Biophotonen die DNA.

Es ist heute wissenschaftlich unumstritten, dass Biophotonen existieren und es sich dabei um ein universelles Phänomen in allen Zellen sämtlicher lebender Organismen handelt. Gut bewiesen ist die Abgrenzung der Biophotonenstrahlung von anderen Arten der Lichtemission aus Zellen. Die Hypothese, dass in Zellen und Zellverbänden per Biophotonen mit Licht kommuniziert wird, bleibt aber unbewiesen und bis heute umstritten. Die Fachleute sind sich nach wie vor uneins über die Speicher und die Quelle des Lichts und über deren Bedeutung.

Pflanzen gelingt die beste Lichtspeicherung aller Lebewesen, dank ihrer Aufnahme von Sonnenenergie im Prozess der Photosynthese. Nach Popp sind Lebensmittel Lichtinformation und der Mensch ein »Lichtsäuger«.[100] Folgt man seiner Hypothese der Biophotonentheorie, so muss stetig Biophotonenlicht gespeichert und ausgesendet werden können, was eines ständigen Zuflusses von Sonnenlicht beziehungsweise von Produkten, in denen Sonnenlicht gespeichert ist, bedarf. Die Pflanze als hervorragender Lichtspeicher würde eine einzigartige Qualität als Vermittlerin von »Lichtinformation« an den Menschen bei der Ernährung besitzen.

In jeder lebenden Zelle laufen ständig Tausende verschiedener chemischer Reaktionen ab. Sollen Lebewesen als Chaos von Molekülen betrachtet werden, wo der Zufall entscheidet, ob überhaupt und, wenn ja, zu welchem Zeitpunkt und an welcher Stelle chemische Reaktionen stattfinden? Kann aus einem planlosen Chaos ein sinnvolles Zellgeschehen entstehen? Oder birgt die Idee von der ordnenden Funktion des Lichts und der zentralen Rolle der Pflanze in der Lichtvermittlung den Schlüssel zum Verständnis des orchestrierten Zellgeschehens?

Andres Wiemken

Pflanzen liefern die stoffliche Grundlage für alles terrestrische Leben

Pflanzen werden in der Ökologie als Primärproduzenten bezeichnet, da sie sich mit Hilfe der Photosynthese rein anorganisch, quasi nur von den vier klassischen »Grundelementen« Feuer (Sonne), Wasser, Luft (CO_2) und Erde (Mineralstoffe), selbständig ernähren können und gleichzeitig die Nahrung produzieren, von der die anderen Lebewesen auf dem Land (Tiere, Pilze und die meisten Bakterien) als »Konsumenten« und »Destruenten« abhängig sind.

Licht (griechisch *phos*) ist die treibende Kraft der Photosynthese und damit des terrestrischen Lebens insgesamt. Die von der Sonne eingestrahlte Lichtenergie (Messgrösse: Photonen) wird vom Blattgrün (Chlorophyll) und von weiteren in »Lichtsammlerkomplexen« angeordneten Pigmentmolekülen absorbiert. Dadurch werden Elektronen von diesen Pigmenten in einen angeregten Zustand versetzt. Die Anregungsenergie wird durch induzierte Resonanz auf benachbarte Pigmentmoleküle übertragen und schliesslich auf zentral in den »Lichtsammlerkomplexen« gelagerten Chlorophyllmolekülen gebündelt. Hier, in den sogenannten »Reaktionszentren«, erfolgt dann der entscheidende Schritt der Photosynthese, die Umwandlung physikalischer (elektromagnetischer) Energie in chemische Energie. Die aktivierten »Reaktionszentren« wirken als mächtige Oxidationsmittel, die dem Wasser Elektronen entreissen. Was-

100

ser (H_2O) ist somit das primäre Substrat der pflanzlichen Photosynthese, es wird oxidiert und dabei in Wasserstoffionen (H^+) und molekularen Sauerstoff (O_2) aufgespalten. Die pflanzliche Photosynthese beginnt also nicht mit einer Synthese, sondern einer Spaltung von Wasser. Der dabei gebildete Sauerstoff ist das erste Photosyntheseprodukt, das zur Entfaltung des Lebens auf der Erde beitrug – wir wie auch alle anderen atmenden Lebewesen überleben bei Sauerstoffmangel nur wenige Minuten.

Die aus dem Wasser bezogenen Elektronen werden in der Folge über eine komplexe Kette von Proteinen (Enzyme: Oxidoreduktasen) geleitet, wobei eine »Pumpe« für H^+ angetrieben wird, die einen biochemisch verwertbaren Konzentrationsgradienten zwischen Membranen aufbaut. Durch nochmalige Aufnahme von Lichtenergie über weitere »Lichtsammlerkomplexe« werden die Elektronen in ihrem Fluss auf eine höhere Energiestufe angehoben und zuletzt auf eine Trägersubstanz abgegeben. Als Produkte dieses ersten und wichtigsten Schrittes der Photosynthese – auch Primärreaktion oder Lichtreaktion genannt – entstehen neben dem schon erwähnten Sauerstoff zwei energiereiche Verbindungen: ATP[101] und NADPH[102]. Im Stoffwechsel der Pflanzen und aller anderen Lebewesen dienen ATP und NADPH als universelle Energieträger oder »Energiewährungen«, die für energieaufwendige Prozesse, zum Beispiel zur Assimilation von Mineralstoffen aus dem Boden und zur Synthese von Makromolekülen wie Zellulose, Proteinen oder Nukleinsäuren, gebraucht werden.

Erst im zweiten Schritt, Dunkelreaktion genannt, erfolgt die im Namen »Photosynthese« angegebene Synthese.

Die in der Lichtreaktion gewonnenen »Energiewährungen« (NADPH und ATP) dienen hier der energieaufwendigen Fixation oder Assimilation des gasförmigen Kohlenstoffs aus der Luft (CO_2). Dabei werden die dem Wasser entzogenen Elektronen in einem grossangelegten Zyklus biochemischer Reaktionen (Calvin-Zyklus) auf CO_2 übertragen. Insgesamt wird dabei der Kohlenstoff des gasförmigen CO_2 reduziert und in fester Form als Kohlenhydrat $(CH_2O)_n$ fixiert, zum Beispiel als Zucker (Glucose $C_6H_{12}O_6$) oder Stärke. Kohlenhydrate sind die primären organischen Substanzen, die nicht nur für die Pflanzen selbst, sondern über pflanzliche Nahrung direkt (oder indirekt: bei Fleischfressern) für alle Lebewesen (wenige Ausnahmen bei Bakterien) als Treibstoff- und Baustoffquellen lebensnotwendig sind.

Alle Lebewesen sind von einer ununterbrochenen Stoffzufuhr abhängig, gleichsam wie eine Kerzenflamme von der Zufuhr des Wachses oder ein Wirbel in einem Fluss von der Wasserströmung. Zudem sind alle Stoffe in Lebewesen einer unaufhörlichen Umwandlung unterworfen und werden zu Lebzeiten im Stoffwechsel ständig erneuert. Dazu wird eine nie versiegende Quelle von Energie benötigt. Die Energie kann bei den Pflanzen über die Photosynthese direkt von der Sonne bezogen werden, bei den anderen Lebewesen nur indirekt über pflanzliche Nahrung. Am wirksamsten können die nichtpflanzlichen Lebewesen Energie durch Atmung generieren. Auch die Pflanzen atmen im Dunkeln – mit den Wurzeln oder nachts in ihrer Gesamtheit. Dabei werden die in der Lichtreaktion dem Wasser entzogenen und zur Fixation von Kohlenstoff auf CO_2 übertragenen Elektronen zurück auf den durch Wasserspaltung erzeugten Sauerstoff übertragen, was wiederum zur Bildung von Wasser und CO_2 führt – womit sich der Kreislauf schliesst.

Daniel Ammann

Die Pflanze sorgt
für die lebensnotwendige Ordnung

Pflanzen liefern uns Menschen Energie, lebenswichtige Stoffe und vielleicht auch Lichtträger zur Steuerung von Zellabläufen sowie pflanzliche RNA-Moleküle, die möglicherweise die Aktivität unserer Gene beeinflussen (siehe auch S. 108–110). Könnte es sein, dass Pflanzen zudem massgebend dafür verantwortlich sind, dass der Mensch seinen Ordnungszustand erhalten kann?

Im Jahr 1944 veröffentlichte der Physiker (und Nobelpreisträger des Jahres 1933) Erwin Schrödinger das Buch *What Is Life? The Physical Aspect of the Living Cell* (deutsch 1946: *Was ist Leben? Die lebende Zelle mit den Augen des Physikers betrachtet*). Darin schreibt er: »Von was ein Organismus sich ernährt, ist negative Entropie.«[103] Die Entropie ist ein Mass für den Ordnungszustand und damit für den Organisationsgrad eines Systems. Nach dem physikalischen Grundgesetz der Entropie strebt jedes auf sich gestellte System zwangsläufig in den Zustand der Unordnung, das heisst in einen Zustand hoher Entropie. In jedem geschlossenen physikalischen System ausserhalb des thermischen Gleichgewichts nimmt die Unordnung zu, wenn es sich selbst überlassen ist.

Lebewesen sind physikalisch gesehen offene Systeme. Auch sie unterliegen den Gesetzen der Entropie. Kann ein Lebewesen die unermessliche Ordnung der molekularen

Abläufe im Körper nicht aufrechterhalten, so zerfällt es ins Chaos und stirbt. Damit der Ordnungsgrad erhalten bleibt, muss es einem Lebewesen gelingen, aus äusserer Ordnung immer wieder innere Ordnung zu schaffen.

Einfache Systeme aus der Alltagswelt mögen dies illustrieren:[104] ein Kühlschrank etwa. Dieser ist nie ideal isoliert, er ist folglich kein ideales geschlossenes, sondern ein offenes System. Dank der Energiezufuhr in Form von Strom hält er seine Temperatur im Innern auf vier Grad Celsius, im Gefrierfach sogar auf minus achtzehn Grad. Ausserhalb des Kühlschranks herrschen zwanzig Grad. Setzt die Energiezufuhr aus, so gleichen sich allmählich die Temperaturen im Gefrierfach, im Kühlschrank und im Aussenraum aus. Die definierte Temperaturordnung unter Stromzufuhr zerfällt. Das Eis schmilzt und fliesst aus. Die Endtemperatur aller Teile wäre schliesslich jene der Küche. Dann ist der Zustand der maximalen Entropie erreicht, der »geordnete« Kühlschrank hat quasi den »Wärmetod« erlebt. Der Strom aus der Steckdose ist die Energiezufuhr in das offene System Kühlschrank, dank der es sein geordnetes Gleichgewicht erhalten kann, wobei es gleichzeitig Abwärme und Entropie erzeugt. Oder: Der Kühlschrank kann seine Funktion durch die Aufnahme hochwertiger Energie aus der Umgebung und durch die Abgabe minderwertiger Energie (beziehungsweise durch Produktion von Entropie) an die Umgebung erfüllen. Damit der Kühlschrank funktioniert, muss er seinen geordneten Gleichgewichtszustand aufrechterhalten. Diese Voraussetzung gilt nicht nur bei Geräten und Maschinen, sondern auch für Lebewesen.

Der Daseinskampf der Lebewesen besteht letztlich in ihrem steten Ringen um das Aufrechterhalten des Ordnungszustandes ihrer Körperfunktionen, das heisst, sie sind andauernd bestrebt, ihre Entropie niedrig zu halten. Die Botschaft der Physik an die Biologie ist damit: Leben erfordert, dauernd negative Entropie (Ordnung) durch die Aufnahme von Energie auszubilden, weil es fortwährend positive Entropie (Unordnung), zum Beispiel durch Wärme, abgibt. Nur durch Aufnahme äusserer Energie kann ein Lebewesen das lebensfähige, entropiearme System hoher Ordnung sein.

Was meint nun Schrödinger, wenn er schreibt, dass Pflanzen ihren stärksten Vorrat an negativer Entropie selbstverständlich im Sonnenlicht besässen? Welche Rolle spielen die Pflanzen für das Ringen des Menschen um negative Entropie? Dass sich ein Organismus von negativer Entropie ernährt, ist vorderhand eine ungeheuer abstrakte Aussage, die uns fremd ist. Heute werden Lebensmittel ausschliesslich als Energie- und Stofflieferanten verstanden. Die Aufnahme von Kalorien und lebenswichtigen Stoffen wie Vitaminen oder Proteinen bestimmt wesentlich die Sicht auf die Ernährung. Folgt man Schrödinger, so erfasst diese Betrachtung lediglich einen Teil der Ernährung, denn sie ignoriert, was sich mit dem Begriff der Entropie beschreiben lässt.

Die Hauptquelle an äusserer Ordnung für den Menschen ist die Pflanze. Die Quelle der Pflanzen für den Aufbau negativer Entropie ist die Energie des Sonnenlichts. Dank der Photosynthese werden Pflanzen zum Sonnenlichtkollektor aller Geschöpfe auf Erden. Die elektromagnetische Strahlung der Sonne, deren grösste Intensität im Bereich des sichtbaren Lichts liegt (Sonnenlicht), liefert Energie, welche die Pflanze in »entropiearme« Moleküle umsetzt (Photosynthese) und der belebten Welt zur Verfügung stellt.

Es sind die Pflanzen, die, indem der Mensch sie als Nahrung in sich aufnimmt, es ihm ermöglichen, die so lebensnotwendige niedrige Entropie aufrechtzuhalten. Die Pflanze erhält dadurch eine weitere Dimension von einzigartiger Qualität. Sie ist die Hauptquelle zur Erhaltung von unverzichtbarer Ordnung in Lebewesen, so auch im Menschen.

Patrik Tschudin

microRNA: Neue Kommunikationsebene zwischen Pflanzen und Menschen?

Vielleicht müsste man es »genetische Intimität« nennen, wovon Chen-Yu Zhang im September 2011 in einem renommierten Fachmagazin berichtet.[105] Der nach vielen Jahren Ausbildung und Forschung in den USA nach China zurückgekehrte Molekularbiologe erzählt, dass zwischen der Pflanze Reis einerseits und dem Tier Maus und dem Menschen andererseits möglicherweise eine Verbindung besteht, die vor ihm noch niemand beobachtet hatte und die über bisher unüberwindbar scheinende Grenzen hinweg so innig ist, dass kaum ein anderes Wort als »Intimität« passt, um sie zu beschreiben.

Wenn eine Maus Reis frisst, beginnt ein winziges Teil aus dem Innersten des Reiskorns eine Reise. Ein kleines Stück Erbinformation mit dem »Vornamen« MIR168a und dem »Familiennamen« microRNA umgibt sich mit einer Art winzig kleiner »Seifenblase«, Vesikel genannt, entstanden durch eine Ausstülpung der »Haut« der Reiszelle, der Zellmembran. In das Vesikel verpackt, macht sich die microRNA auf den Weg in den Magen und den Darm der Maus. Von dort gelangt das Vesikel in die Blutbahn des Tiers und unter anderem bis in die Leber. Da angekommen, verschmilzt das Vesikel, nur wenige Hunderttausendstel Millimeter gross, mit einer Leberzelle und übergibt die in ihm enthaltene Fracht, die microRNA des Reises, ins Innere der Mauszelle.

Dort findet dieses zwei Dutzend Erbgutbausteine kleine Stück Erbinformation des Reises sein passendes Gegenstück im Erbgut der Maus. Was vom Reis kommt, setzt sich im Zellinneren der Maus auf genau das, was – genetisch gesehen – von der Maus zu ihm passt. Der Effekt dieser spezifischen Passung von microRNA des Reises und Genomabschnitt der Maus ist, dass eine Funktion der Leberzelle gebremst wird. Sie produziert ihrerseits weniger von einem Molekül, das für die Ausscheidung gewisser Stoffe (LDL[106]) aus dem Mäusekörper wichtig wäre.

Chen-Yu Zhang war der Erste, der damit als natürlichen Vorgang beobachtete, dass körperfremde genetische Information »aus eigener Kraft« den Weg vom Reich der Pflanzen ins Reich der Tiere schafft und dort auf der Ebene des Genoms wirkt.

Zhang und sein Team suchten nach microRNA auch im Blutserum einer Gruppe von Chinesinnen und Chinesen, deren hauptsächliche Nahrung aus Reis bestand. Tatsächlich identifizierten sie dort rund dreissig verschiedene Bestandteile genetischen Materials pflanzlichen Ursprungs, die über die Nahrung aufgenommen worden sein müssen. Die grössten Konzentrationen massen sie bei den Molekülen mit den Namen MIR156a und MIR168a. Ob und wie diese in den Menschen wirken, dazu seien weitere Studien notwendig, befand Chen-Yu Zhang.

Die Aufregung in der Fachwelt über Zhangs Beobachtung war und ist seit der Publikation gross. »Genial!«, rufen die einen und sehen ganz neue therapeutische Möglichkeiten am Horizont auftauchen. »Einspruch!«, reklamieren die anderen und melden an, sie hätten Zhang bereits wi-

derlegt. Seine Beobachtungen seien durch Messungenauig-
keiten zu erklären.[107] Andere Kritiker befinden, sie hätten
in ihren Labors keine pflanzliche microRNA in den Mäusen finden können.[108, 109] Zhang seinerseits ist weiterhin[110]
von der Richtigkeit seiner Daten überzeugt.

Noch ist vieles offen. Ist das Team um Chen-Yu Zhang
tatsächlich auf eine neue, genetisch codierte Verbindung
über bis anhin für unüberwindlich gehaltene Grenzen hinweg gestossen? Tauschen Pflanzen, Tiere und Menschen in
der Form von microRNA tatsächlich relevante Information
aus? Bestehen auf dieser Ebene bisher unerkannte Regel-
kreise? Die Suche nach Antworten auf diese Fragen hat vielleicht gerade erst begonnen.

Florianne Koechlin

Wie uns Pflanzen ausserdem helfen

Unsere Darmflora besteht aus Milliarden verschiedenster Bakterien. Diese für unsere Verdauung und unsere Gesundheit immens wichtigen Gemeinschaften gedeihen besonders gut bei einer reichhaltigen Pflanzendiät. Das legte eine internationale Forschergruppe im Wissenschaftsmagazin *Nature* dar.[111, 112] Mit neuen Genomtechniken suchten die Forscher nach Bakteriengenen in Stuhlproben von über 300 Menschen aus Dänemark und Frankreich – und fanden grosse Unterschiede. Die Testpersonen liessen sich in zwei Gruppen teilen: Drei Viertel aller Probanden hatten viele Bakteriengene (rund 600 000) in ihren Stuhlproben, ein Viertel hingegen sehr viel weniger (bloss 400 000). Die Artenvielfalt der Darmflora jedes vierten Europäers sei geradezu »verkümmert«, meint Stanislav Dusko Ehrlich vom französischen Institut national de la recherche agronomique INRA. Und das spiele für die Gesundheit eine Rolle, denn eine geringe Artenvielfalt der Darmflora sei mit einem erhöhten Risiko für Übergewicht, Diabetes und Herz-Kreislauf-Krankheiten verbunden.

In einer zweiten Studie verschrieben die Forscher rund fünfzig übergewichtigen Testpersonen eine Diät mit viel Gemüse und Obst, dafür wenig Fleisch, Eiern und Zucker. Bereits nach mehreren Wochen nahm die bakterielle Artenvielfalt der Darmflora markant zu (und der Bauchumfang ab). Pflanzen sind also für unsere Darmflora (wörtlich: die

Pflanzenwelt unseres Darms) eminent wichtig. Wie genau sie sie unterstützen, ist noch nicht bekannt. Ehrlich bemerkt dazu: »Es geht bei der Ernährung vor allem darum, unsere bakterielle Vielfalt zu erhalten und mit vielen pflanzlichen Fasern zum Gedeihen unserer Biodiversität beizutragen.«

Thomas Gröbly

Wie Pflanzen in die Sprache hineinwachsen

»Kultur« meint ursprünglich »Bearbeitung, Pflege, Ackerbau«. Das lateinische *colere* bedeutet »wohnen, pflegen,
verehren, den Acker bestellen«. Unsere Kultur *wurzelt* also
im Ackerbau und in der Pflanzenwelt. Einer Sache auf den
Grund zu gehen zeigt die Nähe zum Boden. Die Wurzel,
radix, schenkt uns den Begriff der Radikalität.

Bevor ein Mensch *aufblüht,* muss *gesät* werden, müssen
sich *Wurzeln bilden,* Stängel und Blätter *spriessen* und sich
entfalten. Unsere Sprache ist mit Begriffen aus der Pflanzenwelt *durchwachsen.* Manchmal *harzt* es, und ich muss mich
aus einer Sache *herauswinden.* Oder ich werde die *Klette* nicht
los und kann deswegen nicht zum *Kern* der Sache kommen.
Hin und wieder muss ich etwas durch die *Blume* sagen, aber
meistens nehme ich kein *Blatt* vor den Mund, denn manchmal muss man jemandem reinen *Wein* einschenken. Dagegen ist kein *Kraut* gewachsen. Er ist als *Schmarotzer* schon
lange entlarvt und mir ein *Dorn* im Auge. Jemand hört das
Gras wachsen, ist eine *Mimose* oder muss ins *Gras* beissen.

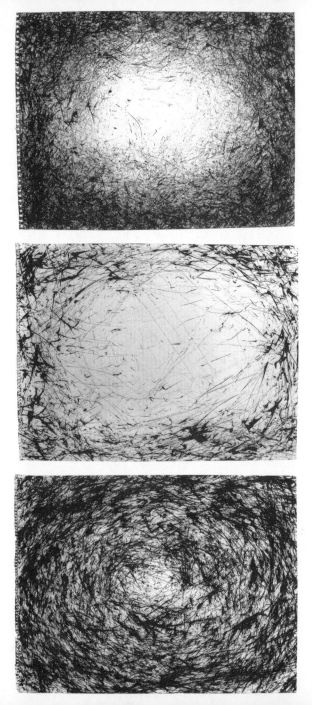

NSER GEMEINNÜTZIGER VEREIN
URBAN AGRICULTURE BASEL
NGAGIERT SICH FÜR DIE ERZEU-
GUNG VON LEBENSMITTELN,
RÄUTERN, BLUMEN, NUTZ- UND
MEDIZINALPFLANZEN DURCH DIE IN
ER STADT BASEL UND DER AGGLOM-
RATION LEBENDEN MENSCHEN.

IR FÖRDERN • Erhalt von landwirtschaftlich nutz-
rem Boden und die Umnutzung von Boden zur
zeugung von Lebensmitteln • Vernetzungsplat-
rm mit Fachwissen, Man-Power, Infrastruktur und
aktischer Erfahrung • Anbau, Vertrieb, Genuss
n Lebensmitteln • Ernährungssouveränität
R TUN • aktives Initiieren, Umsetzen, Begleiten, Be-
en, Sensibilisieren • hier tätig, sozial verantwortlich,
ologisch aktiv • motivieren zum Mitmachen
R SIND • zivilgesellschaftliche Basisbewegung
ne Bindung an religiöse Organisationen,
litische Parteien oder wirtschaftliche Branchen-
d Sonderinteressen • Bottom- up und top-down

TZT ANBEISSEN! Mitglied werden,
tgärtnern, lokales Gemüsepaket
stellen, ein eigenes Projekt lancie-
n! Weshalb?- Weil es nährend ist.

FÜR EIN
ESSBA
STA

HINTERHOF- UND DACHGÄRTEN.
SAUERTEIGMUTTER UND STADTHONI
GEMÜSEPAKETE UND BIO-CATERING

.. WIE ENGAGIEREN SIE SICH
FÜR BIOLOGISCHE LEBENSMITTEL
IN UND UM BASEL?

www.urbanagriculturebasel.ch
kontakt@urbanagriculturebasel.ch

URBAN AGRICULTURE BASEL

V.

Pflanzen hören?

Florianne Koechlin

Vielleicht hören Pflanzen
Mozart-Klänge und Klickgeräusche

In der Toskana »hören« die Reben des Weinbauern Giancarlo Cignozzi[113] seit rund fünfzehn Jahren Mozart-Klänge. Cignozzi sagt, dass seine beschallten Reben schneller wachsen und besseren Wein ergeben. Stefano Mancuso von der Universität Florenz, der das Experiment begleitet, bestätigt: Pflanzen nehmen Schallvibrationen wahr. Im Labor konnte er zeigen, dass Maiswurzeln auf eine Schallquelle mit tiefen Frequenzen (200 bis 500 Hertz) hin wachsen. Das Umgekehrte passiert bei hohen Tönen mit Frequenzen von über 1000 Hertz: Die Wurzeln wachsen von der Schallquelle weg. Mancuso betont aber, dass Pflanzen nicht Musik wahrnehmen, sondern allein die durch Musik ausgelösten Vibrationen erfassen. Pflanzen, die im Boden ständig von Vibrationen umgeben sind, könnten diese nutzen, um etwas über Qualität und Bodenbeschaffenheit zu erfahren, zum Beispiel, ob Wasser vorhanden ist oder sich ein Stein in der Nähe befindet.

Können Pflanzen gar akustisch miteinander kommunizieren, also selbst Töne erzeugen und einander zuhören? Das erscheint unwahrscheinlich, doch Monica Gagliano und ihr Team von der University of Western Australia in Perth[114] glauben, dass das möglich sein könnte. Sie haben Chilipflanzen-Keimlinge vollständig voneinander isoliert, über und unter dem Boden. Alle bisher bekannten Kommunikationswege wurden abgeschnitten. Trotzdem konnten die Keimlinge ihre Nachbarn wahrnehmen und ihre Verwandten identifizieren. Die Forschergruppe vermutet, dass die Keimlinge mechanische Vibrationen erzeugen, die als eine Art Klickgeräusche von ihren Nachbarn wahrgenommen und interpretiert werden können.

Thomas Gröbly

Das Gras wachsen hören

Wissenschaftliche Erkenntnisse sind unter anderem von unseren Augen abhängig. Wir beschreiben, was wir sehen, und nehmen das Mikroskop zu Hilfe, wenn das zu Erforschende sehr klein ist. Was wir mit den Augen sehen und mit Worten beschreiben können, scheint eindeutig und ein präzises Abbild der »Wirklichkeit« zu sein. Kann es reproduziert werden, gilt es als wissenschaftlich gesichert.

Dagegen ist unsere Wahrnehmung über das Gehör flüchtig und ungenau. Sie ist in hohem Masse von unserer Selektion abhängig, davon, was wir heraushören können und wollen. Bewusstes Hinhören ist ein aktiver Prozess. Andere Menschen und auch viele Tiere können wir über unser Gehör wahrnehmen. Ihre Laute können wir teilweise verstehen und deuten. Was hören wir aber von Pflanzen? Was sagt uns das Knacken der Samen im Klappertopf? Oder die leise Explosion des Springkrauts, wenn der Samen weggespickt wird? Auch wenn man mit einem leistungsstarken Mikrofon die Geräusche von Pflanzen für uns hörbar machen würde, vermögen wir diese »Laute« kaum zu deuten, geschweige denn zu verstehen.

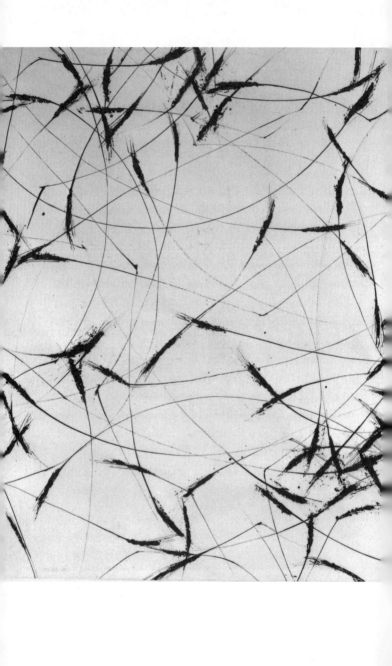

VI.

Wie verführen Pflanzen uns?

Gertrud Fassbind

Wo die Pflanze zum Menschen wird

Die Vorspeise liegt vor mir auf dem Teller: frischer, kna-
ckiger grüner Salat, beträufelt mit einer Marinade aus
Olivenöl, Balsamessig und Meersalz, dunkelgrüne Schnitt-
lauchröllchen wild darüber verteilt. Meine Augen tasten
sich durch das frische Grün, Saft strömt in den Gaumen,
der Weg hinunter zum Magen öffnet sich, mein Atem ist
frei. Mit der Gabel schiebe ich ein paar Salatblätter an den
Lippen vorbei in den Mund, spüre dabei den leichten Widerstand der Blattrispen und ein paar träge Tropfen sämi-
ger Salatsauce. Zunge, Gaumen und Zähne beginnen das
Empfangene zu ertasten, zu zermalmen, zu schieben, zu be-
saften und zu zerlegen. Meine Ohren hören die Konsistenzen. Die Pflanzenkörper brechen mehr und mehr, werden
weicher, feiner, körperwarm. Aromen entfalten sich in die
Mundhöhle. Wohlgefühl stellt sich ein, vielleicht sogar ein
bisschen Glück. Ich schlucke, der Salat ist einverleibt! Ich
nehme eine zweite Gabel voll … Derweil versinkt die Nahrung immer mehr in den dunklen Schlund und tritt ein
ins Reich der Mitte von Magen und Darm. Signale dringen
von dort zu meinem Bewusstsein – es sind Bauchgefühle,
die mir darüber Auskunft geben, ob mir der Salat wohltut
oder nicht.

   Die Höhle des Leibes führt ein Eigenleben, überwacht
und koordiniert vom Bauchhirn. Mein Salat taucht in die
aggressive Säure des Magensafts, wird gründlich desinfi-

ziert und zerfetzt, flutscht dann weiter in den Dünndarm mit dem samtenen Zottenteppich. Mit Beteiligung und feinster Abstimmung von Nerven- und Hormonsystem, Bakterien und Pilzen, Enzymen und viel (Verdauungs-)Saft wird die Speise weiter zerlegt und immer unkenntlicher – bis schliesslich kleinste Bruchstücke entstanden sind. Diese gelangen vom Magen-Darm-Kanal, der wie ein Tunnel durch meinen Körper führt, über Transportsysteme hinein in mein Körperinneres. Die Stoffe vermischen sich mit meinem Blut, zirkulieren in meinen Adern, treten ein in meine Zellen. Mein Körper kennt diese Substanzen und empfängt sie. Die kleinen Bausteine scheinen auf ihrem Weg geführt, gelangen an den richtigen Ort, werden je nach Verwendungszweck zerlegt, aufgelöst und mit meinen Substanzen vermischt. Sie werden mein Fleisch und mein Blut.

Gertrud Fassbind

Farben, Duft und Geschmack –
die sekundären Pflanzenstoffe

Die orange Farbe einer Kürbisfrucht, der würzige Duft von Basilikum, das Pfirsichzarte, die Zitronenfrische, das Chilifeuer ... Manchmal verspüren wir starke Lust auf ein bestimmtes Lebensmittel, ein anderes hingegen lehnen wir ab. Wir reagieren auf Konsistenzen, Farben, Düfte, Geschmackskomponenten, lassen unsere Sinne ansprechen und verführen – und wählen gefühlsbetont. Uns gelüstet nicht nach Ballaststoffen, Omega-3-Fettsäuren oder Zink.

Vieles, was uns an einem Nahrungsmittel (einer Pflanze) zum Essen verlockt, wird stark von den sekundären Pflanzenstoffen mitgeprägt. Pflanzen produzieren neben den primären Stoffen wie Kohlenhydraten, Fetten und Proteinen auch eine Reihe von sekundären. Die meisten nehmen wir sinnlich wahr: die bunten Farben sowie zahlreiche Duft- und Geschmacksstoffe. Für die Pflanze fördern diese Substanzen die Fortpflanzung. Zum Beispiel locken leuchtende Farben von Beeren Vögel an, die zur Verbreitung der Samen beitragen. Auch wir lassen uns gern von schön aussehenden Früchten zum Essen verführen. Die Substanzen bilden in der Pflanze aber auch einen wichtigen Schutz vor Frass, vor UV-Licht, vor Oxidation durch reaktiven Sauerstoff (in Form von freien Radikalen) oder helfen das Wachstum regulieren. Was der Pflanze dient, das nützt gleichzeitig auch dem Menschen, denn oft haben die Pflanzen mit den gleichen Problemen zu kämpfen wie wir: Mikroben, Sonnenlicht und reaktionsfreudigem Sauerstoff.

Die sinnlich wahrnehmbaren Pflanzenkomponenten sind also gleichzeitig ein Gesundheitselixier. Die Substanzen sind so wirkungsvoll, dass das Interesse der Forschung an ihnen enorm gewachsen ist. Viele sekundäre Pflanzenstoffe konnte man bereits identifizieren, isolieren und deren Wirkung untersuchen. Das Interesse ist zweifach begründet: Aus Studien wissen wir, dass Obst und Gemüse einen – teilweise erheblichen – präventiven Schutz vor diversen Krankheiten bieten, und man nimmt an, dass dies von den sekundären Pflanzenstoffen kommt. Anderseits möchte die Lebensmittel- und Pharmaindustrie diese Substanzen in hoher Konzentration als Nahrungsergänzungsmittel oder funktionelles Lebensmittel (Lebensmittel mit gesundheitlichem Zusatznutzen) vermarkten.

Ein Vergleich der vielen Studien zur Wirkung von Antioxidantien zeigt, dass mit zunehmendem Wissensstand einmal für richtig erachtete Theorien sich als falsch erweisen können. Bis vor kurzem glaubte man der Theorie der freien Radikale, wonach die Belastung mit Sauerstoffradikalen im Zusammenhang mit diversen Erkrankungen stehe. So setzte man zur Prävention grosse Hoffnung in die Wirkung von Antioxidantien (unter anderem viele Interventionsstudien mit Vitaminsupplementen). Das Fazit der Wissenschaft lautet heute: Die Supplementierung mit Antioxidantien in Tabletten/Kapseln zeigt keinerlei positive Effekte. Darüber hinaus gehen laut Studien Hoch- beziehungsweise Megadosen oft mit Nebenwirkungen einher.[115] Freie Radikale können zwar im Übermass den Körper schädigen, aber eine vollständige Eliminierung reaktiver Sauerstoffmoleküle nimmt unserem Körper die Möglichkeit, auf Stressoren von aussen angemessen zu reagieren.[116] Somit ist unklar geworden, ob die gesteigerte antioxidative Kapazität der Zelle mit der Vermeidung von Krankheiten einhergeht.

Solche Resultate stimmen skeptisch. Der gesundheitliche Nutzen von Gemüse und Obst ist belegt. Möglicherweise ist für einzelne Substanzen auch ihre Wirkung im Verbund notwendig. Aristoteles (384–322 v. Chr.), der grosse Philosoph der Antike, sagte einst (vereinfacht): »Das Ganze ist mehr als die Summe seiner Teile.« Bestimmte Eigenschaften eines Ganzen lassen sich demnach nicht aus seinen Teilen erklären. In einem System interagieren seine Elemente andauernd. In der ernährungswissenschaftlichen Literatur ist im Jahre 2001 erstmals der Begriff *food synergy* aufgetaucht. Laut seinem Erfinder, dem US-amerikanischen Ernährungsforscher David Jacobs, sind Nahrungsinhaltsstoffe im Lebensmittel aufeinander abgestimmt und entfalten in ihrer intakten Gesamtheit additive und synergistische Effekte.[117] Jacobs spricht symbolhaft von der »*hypothesis of orchestrated food synergy*«. Wie in einem Orchester würden einzelne Töne ein falsches Bild ergeben und uns irreführen. Erst im koordinierten Zusammenspiel erklingt das spezifische Musikstück.

Ein reifer Apfel hat eine schöne gelbrote Färbung, die auf sekundäre Pflanzenstoffe zurückzuführen ist. Sie sind auch für das Apfelaroma zuständig, zusammen mit den süssen Kohlenhydraten, den Fruchtsäuren und der Textur der Frucht. Gemeinsam mit weiteren Inhaltsstoffen wie Nahrungsfasern, Wasser, Vitaminen oder Mineralien gehen sie, wie alle Moleküle in biochemischen Systemen, Wechselwirkungen oder Reaktionen miteinander ein, zunächst in der Frucht selbst, später auch in unserem Körper. Dabei beeinflussen sich die Inhaltsstoffe gegenseitig nicht nur in ihrer Wirkung, sondern auch darin, wie sie vom Körper aufgenommen und verwertet werden. Es ist ein unendlich komplexer Vorgang.

Auch die menschliche Sinneswahrnehmung ist komplex. Wir erfassen ein Nahrungsmittel als Ganzes – obwohl das Auge nur die Oberfläche des Apfels sieht, die Fingerkuppen das runde Schwere wahrnehmen, die Nase den Duft riecht und die Ohren die Konsistenz hören.

Warum verspüren wir manchmal so grosse Lust auf ein bestimmtes Nahrungsmittel, zum Beispiel einen leuchtend orange Kürbis oder würziges Basilikum? Bereits in der Vorstellung sehen, riechen und schmecken wir das Nahrungsmittel. In Sekundenbruchteilen breitet sich ein Körperempfinden aus. Es basiert auf all unseren bisherigen Esserfahrungen und ist ein Ausdruck dessen, wie wir uns im Moment fühlen.

Wir wählen sicher oft aus kulinarischem Genuss heraus. Wir ergeben uns den momentanen Gelüsten, da wir mit den vielen Ablenkungen im Alltag unsere Grundbedürfnisse oft nicht mehr eruieren können. Vielleicht sehen wir im Nahrungsmittel aber auch eine Antwort auf das, was wir brauchen. Wir wissen intuitiv, was uns guttut. Sinneserlebnisse und sekundäre Pflanzenstoffe sind dabei von zentraler Bedeutung. Und doch ist das Ganze mehr als die Summe seiner Teile.

Bastiaan Frich

Pflanzen bezirzen den Stadtmenschen – nicht nur in Basel

Der Kontrast ist gross: Umringt von Hauptgebäuden globaler Grosskonzerne, von Wohnblocks mit ihren Balkonen und vom Stadtverkehr, sind die Projekte von Urban AgriCulture Netz Basel (UANB) ein Naherholungsgebiet geworden. Im Permakultur-Gemeinschaftsgarten Landhof beispielsweise, gleich neben dem Messeturm und eben doch etwas versteckt, spriesst die Überraschung ruhig vor sich hin: Im Nordostspickel des Landhofs – des ehemaligen Stadions des FC Basel – wachsen über 250 Sorten Gemüse und Kräuter, Wildpflanzen und Kulturgemüse, Beeren und Blumen. Hier begegnen sich die Menschen aus dem Quartier, um zu gärtnern, gemeinsam die Ernte zu verarbeiten und zu feiern. Schmetterlinge tanzen über die Blumenwiese, Distelfinken futtern die Samen der Karden, und der Igel trottet abends durch den Garten.

Im Vordergrund steht nicht die Maximierung des Ernteertrags, sondern stehen vielmehr die Beziehungen: jene zwischen Pflanzen, Tieren und Menschen – letzten Endes auch die Beziehung des Menschen zu sich selbst. Hier gibt es Raum für die Entfaltung von Potentialen. Die Pflanzen helfen uns dabei.

Vom Samen über das Keimen, Verwurzeln, Gedeihen zur Knospe und die Entfaltung der Blüte bis zum Heranreifen und Ernten von Früchten und neuen Samen: Es sind diese

Sinn-Bilder, die durch das ganze Jahr in jedem Moment im Zentrum stehen und mit allen Sinnen erlebt werden können. Die Pflanzen machen es vor: Sie sind die Inspirationsquelle, sie sind jenseits von Richtig und Falsch, sie *sind* einfach. Authentisch und hemmungslos geben sie Rückmeldungen und unterstützen den Menschen dabei, selbst den Mut zu haben, authentisch zu sein, Verantwortung zu übernehmen, bewusst(er) zu konsumieren, bewusst(er) zu sein – hin zu einem wertschätzenden Bewusst-Sein, einer Potentialentfaltung jedes einzelnen Teils dieses Beziehungsnetzwerks.

Die Urban-Agriculture-Bewegung (auch Urban Gardening und Urban Farming) beschränkt sich nicht nur auf Basel, sondern kommt weltweit in vielen Städten und Dörfern auf allen Kontinenten vor: zum Beispiel in Havanna, Kapstadt und Toronto, wo sie aus unterschiedlichen Motivationen praktisch umgesetzt wird. Überall wird symbolisch und pragmatisch die Problematik des heutigen Lebensmittelkonsums thematisiert und eine von vielen Möglichkeiten aufgezeigt, Lebensmittel selbst anzubauen und zu verarbeiten.

Urban AgriCulture Netz Basel: Weitere Projektbeispiele

keinkaufswagen
Einkaufswagen wird zu keinkaufswagen: 230 ausrangierte Einkaufswagen wurden mit Gemüse und Kräutersetzlingen bepflanzt. Die Teilnehmerinnen und Teilnehmer nahmen einen davon mit nach Hause oder ins Büro, um ihn zu pflegen, zu beernten und zu geniessen.

Weshalb? Weil wir uns für ein essbares, farbiges Basel einsetzen und das Pflegen, Ernten und Essen vergessene Genüsse sind.

pERLENgarten

Ob auf Dächern oder versiegelten Flächen: Paletten mit Rahmen bieten eine spannende Alternative. Im pER-LENgarten stehen dreissig solche Minigärten wie Perlen in der Landschaft. Die Paletten mit Rahmen (120 cm × 80 cm × 40 cm) aus unbehandeltem, einheimischem Tannenholz stehen als Garteneinheiten für eine kleine Pachtsumme zur Verfügung. Sie werden mit gesunder Erde gefüllt und mit Biokohle vom Delinat-Institut versetzt. So sind viele kleine, mobile Gemeinschaftsgärten entstanden.

Tee:ritorium – die vertikale Teefarm

Die vertikale Bepflanzung im Sinne des Projekts Tee:ritorium nutzt die vertikale Fläche rund um die Schiffscontainer als Anbaufläche so, dass stockwerkartig die Pflanzen übereinanderwachsen. So gedeihen hier die verschiedensten Teekräuter, wie Minze, Melisse, Thymian und Ysop, nicht nur neben-, sondern auch übereinander. Der ursprüngliche Grund der Bewegung der vertikalen Landwirtschaft war der Mangel an Produktionsflächen. Die vertikale Landwirtschaft sieht sich als eine Sonderform der urbanen Landwirtschaft. Das Projekt Tee:ritorium erzählt die ganze Geschichte: Vom Anbau über die Verarbeitung bis zur Verpackung geschieht alles in drei Schiffscontainern.

StadtHonig

Das Projekt StadtHonig dient als Plattform für Stadt-imker und alle, die sich für die faszinierende Welt der Bienen in der Stadt interessieren. Die Bienenvölker pro-fitieren von der urbanen Biodiversität und einem von Frühling bis Herbst vorhandenen Nektarangebot, denn die Biodiversität ist heute in Städten vielfach höher und reicher als in der landwirtschaftlich gezüchteten Land-schaft.[118] Die Menschen erfreuen sich an den fleissigen Helferinnen, die summenden und tanzenden Bienen-weiden lassen einen frohlocken. Als Bestäuber vielerlei Kulturgemüse sind die Honigbienen ein illustres Bin-deglied in den aufgezeigten Kreisläufen der Projekte. Der Stadtbienenhonig ist im Vergleich zum Honig vom Land nicht höher mit Schadstoffen belastet.[119]

Lebensmittel Gemeinschaft Basel

Die Lebensmittel Gemeinschaft Basel ist ein Zusammen-schluss von Menschen (Konsumenten und Produzenten), die gemeinsam dem Wunsch nach natürlichen, sozial verträglichen und weitestgehend regional erzeugten Le-bensmitteln folgen. Die Verantwortung wird gemeinsam getragen, beziehungsweise das Risiko von Ernteausfällen trägt nicht mehr der Produzent allein. Neben dem Bezug der Lebensmittel dient der Verein als sozialer Treffpunkt. Mit Vortragsreihen, Kochkursen und Aktionen wie ge-meinsamem Einmachen von Gemüse und Früchten för-dert und zelebriert die Gemeinschaft das Bewusstsein für den Naturwert unserer alltäglichen Lebensmittel.

UniGärten Basel

Angehörige der Universität Basel (Studierende, Angestellte, Doktorierende, Professoren) betreiben mehrere Gemeinschaftsgärten: eine gemeinsame Experimentierfläche, ein Schau- und Lehrgarten, ein Ort auch fürs Beisammensein am Feuer ... Bis heute sind vier kleinere Gemeinschaftsgärten entstanden, die von Teams aus zehn bis fünfzehn Studierenden gepflegt werden. Zusätzlich wurden in Kooperation mit der Universität Basel sensibilisierende Projekte zum Thema Lebensmittel und Landwirtschaft lanciert: 4Seasons und CSA-NuglarGärten.

Gertrud Fassbind, Thomas Gröbly

Schönheit der Pflanzen

Schönheit hat die Menschen zu allen Zeiten beschäftigt. Sie wirkt anziehend, alle scheinen darauf anzusprechen. So stellt sich die Frage, was denn eine schöne Pflanze ist und was Schönheit bei Pflanzen bedeuten könnte.

Häufig erklären wir die Natur funktionalistisch: Dornen dienen der Abwehr und Kletten der Verbreitung von Samen. Eine schöne Blüte ist dazu da, die Bienen zur Befruchtung anzulocken. Könnte es sein, dass die Vielfalt der Formen und Farben bei den Pflanzen zweckfrei ist, vielleicht sogar purer Lebenslust entspringt?

In der Antike sah Pythagoras (um 570 – nach 510 v. Chr.), griechischer Philosoph und Mathematiker, das Geheimnis der Welt in den zahlenmässigen Beziehungen zwischen den Teilen der Welt. Für ihn war alles wohlgeordnet, ein ewiges, lebendiges, göttliches Wesen: der Kosmos. Das trifft für die Harmonien in der Musik, für den Aufbau der Pflanzen oder den Sternenhimmel zu. Der Kosmos ist das schöne Ganze als Gegenwelt zum Chaos. Im dreizehnten Jahrhundert beschrieb der Mathematiker Leonardo Fibonacci (um 1170–1240) die spiralförmige Anordnung von Blättern und Blüten. Bei vielen Pflanzen kann man diese Fibonacci-Folge beobachten: 1 1 2 3 5 8 13 21 34 und so weiter. Die Summe zweier benachbarter Zahlen ergibt die nächste.

Blumen empfinden wir als schön. Blütenblätter sind geometrisch angeordnet, haben also wie der Kosmos eine Ordnung. Sie öffnen sich gegen aussen, strahlen nach aussen, offenbaren uns ihr Innerstes, ihre Farbenpracht und ihre ganze Fülle. Sie bringen uns zum Staunen. Das selbstverständliche Ruhen im Offensein kann uns berühren.

Ist auch Gemüse schön? Wenn man im Frühsommer die feuchte Erde umgräbt und die frischen Kartoffeln sichtbar werden, könnte man über diesen wundervollen Farbkontrast staunen: Die Frühkartoffeln erscheinen wie Gold in der dunklen Erde. Im Kühlschrank gelagerte Kartoffeln hingegen sind eher blasse, unförmige Knollen. Sobald man sie aber zu feinen Ofenkartoffeln gebraten hat, mit leicht gebräunter Kruste an den Rändern, kommt dieses wunderbar Goldige wieder zum Vorschein. Ein guter Koch wird die Kartoffeln mit anderen Speisen wohlgeordnet auf Tellern anrichten und das vergängliche Kunstwerk seinen Gästen servieren.

Begegnen wir dem Gemüse auf dem Feld, so spüren wir etwas von seiner Kraft. Wir ernten in einem bestimmten Wachstumsstadium, vor oder nach der Blütenbildung. Meist nutzen wir nur einen Teil der Pflanze: Blätter, Wurzeln, Knollen oder Früchte. Der Zusammenhang zur ganzen Pflanze geht verloren. Zucchiniblüten oder der spiralförmig gestaltete Romanesco (mit der Fibonacci-Folge) sind für sich allein wunderschön anzusehen. Auch bei einer quer aufgeschnittenen roten Bete zeigen sich uns geometrische Ordnungen anhand von konzentrischen Kreisen. Bei einer einzelnen Kartoffel oder einem Salatblatt geraten wir nicht so leicht ins Schwärmen. Wir brauchen Zeit, Ruhe und Aufmerksamkeit, ihre Schönheit wahrzunehmen (siehe auch S. 151–153).

Haben Sie schon einmal beim Gemüsebauern ein grosses Fenchelfeld gesehen? Man nimmt zuerst nur ein Meer von grünem Kraut wahr. Von nahem sieht es aus wie ein riesiger Wald aus Tännchen im Miniformat, die fast geometrisch geordnete zarte Triebe und Seitentriebe aufweisen. Schiebt man das Kraut zur Seite, kommt der helle pralle Fenchelkörper zum Vorschein. Im Tageslicht zeigen sich Harmonien wie auch Kontraste zum dunkelgrünen Kraut und zur trockenen Erde, von gegenläufigen, eng übereinanderliegenden Schichten und parallelen Faserstrukturen. Schneidet man den Fenchel in der Küche längs auf, sieht man, wie seine Schichten ähnlich wie Blütenblätter einer Tulpe, hier aber eng aneinandergeschmiegt, sich gegen aussen hin öffnen. Ordnungen werden sichtbar.

Die Empfindungen von Schönheit haben vielleicht mit den gewachsenen, versteckten oder auch offensichtlichen Ordnungen zu tun. Wir finden sie überall im Mikro- und Makrokosmos, in der ganzen Pflanze wie auch in Wurzeln, Stängeln, Blättern, Blüten und Früchten.

Thomas Gröbly

Ehrenpreis fürs Lungenkraut

Lungenkraut schnauft
Schlüsselblume öffnet
Fingerhut näht
Sonnenblume wärmt
Edelweiss wirbt
Blaustern färbt
Flockenblume schmeckt
Knabenkraut neckt
Zahnwurz schmerzt
Steinbrech kracht
Mannsschild kämpft
Studentenkraut denkt
Alpenglöckchen bimmelt
Pfeifenstrauch raucht
Frauenmantel wärmt
Läusekraut juckt
Ehrenpreis ist verdient!

Beatrix Sitter-Liver

Pflanzen als Kunstpartner

Bin ich, weil ich denke? Oder bin ich, weil ich sehe, höre, taste, rieche und denke? Sinnliche Wahrnehmung *(aisthesis)* kommt vor dem Denken. Sie ist uns gegeben als vielfältiges Organ zur Orientierung in der Mitwelt und zur möglichen Kommunikation mit Pflanzen und Tieren. Müsste sie nicht auch Vorstufe zu vernünftigem Nachdenken über diese Welt sein? Genau hinsehen, eingehend beobachten, in den eigenen Körper (dieses phantastische Stück Natur) hineinhorchen und in den Kosmos hinausspähen sind Wege zur Kunst. Cees Nooteboom trifft den Nerv der sinnlichen Wahrnehmung, wenn er Beobachtung als »eine Form der Liebe« bezeichnet.

Schönheit gehört zu unserer Welt; sie ist überall und flüchtig zugleich. Sie zieht an, bewegt, begeistert, verbindet; die Menschen, sicher. Doch könnte es sein, dass die Allgegenwart von Schönheit auch eine Strategie der Natur wäre, um unter ihren Wesen gegenseitige Wahrnehmung, Anziehung und damit etwas wie Achtung auszulösen? Schönheit wäre dann ein sichtbarer Ausdruck des Eigen-Wertes der Kreatur, vielleicht im Effekt gar ein Schutz vor achtloser Zerstörung.

Auf die Frage, was Schönheit denn sei, fällt uns als Erstes die Blume als das Schöne schlechthin ein: Blüte des Lebens, Sein in höchster Entfaltung. Ich habe beobachtet, dass Pflanzengruppen, die ich laufend ausjäte, mit der Zeit anfangen, bereits im Frühstadium (wenn noch niemand ans Jäten denkt) Blüten anzusetzen. Das sagt mir, dass Blühen ein Ziel der Pflanze ist, das sie aktiv anstrebt – im Drang nach Vollendung? Letztlich hat Blühen ja auch mit Fortpflanzung zu tun. Doch der Selbstzweck der Blüte als Ausbund des Schönen fällt damit nicht dahin. Eigentlich scheint mir Schönheit zu jenen Erscheinungen zu gehören, die wir sprachlich kaum fassen können, ohne sie zu verfehlen. Darum gilt für mich: Lieber malen als reden.

Johann Wolfgang von Goethe (1749–1832) sagte: »Wo je mein Pinsel dich berührte, bist du mein.« Dieses Gefühl von Nähe und Zuneigung zum Bildgegenstand wuchs schon im kindlichen Zeichnen nach der Natur in mir heran und weitete sich später zu einer bewussten Welterschliessung und Allverbundenheit aus. So nahm ich mir für meine Kunstarbeit die Schönheiten dieser Welt eine um die andere vor, sie mir zu eigen und für Betrachter nachvollziehbar zu machen: die Erde, das Wasser, die Pflanzen, den sichtbaren Kosmos, das Innere des eigenen Körpers … Dabei haben sich die Pflanzen als das zugänglichste Thema erwiesen, nicht nur als Inspiration, auch als Materialien für Schilfgewebe, Grasgeflechte, Pflanzenbücher und zuletzt (wie in den Illustrationen in diesem Buch) als aktive Partner im Malakt. Das heisst, ich wähle zum Beispiel eine Ähre, einen Schachtelhalm oder eine Grasrispe aus, immer nur eine Pflanze, tauche sie direkt in die wässrige Farbe und führe sie, in ständiger, wacher Beobachtung auf ihre Bewegungen reagierend, in konzentriertem Tanz über das weisse Blatt. So stellt sich die Pflanze selbst dar; ihre Spur oder Schrift oder – wie mein Serientitel lautet – ihr »Idiom« wird zum sichtbaren Bildinhalt.

Auch ohne die Pflanze physisch einzubeziehen, gibt es im bildnerischen Prozess Momente, in denen ich mich – unbewusst oder bewusst – regelrecht pflanzlich verhalte: Im Zeichnen wächst meine Linie über das Blatt, mal sperrig, dornig, mal schwungvoll rankend oder in engen Spiralen sich windend; die Linie überwuchert das Blatt, verzweigt sich, fächert sich auf, rollt sich ein … und wird zur Welle, zum Mäander, zum Strudel, womit sie bruchlos in die Bewegung des flüssigen Elements übergewechselt hat, das die tierischen, pflanzlichen und menschlichen Organismen gleichermassen ausmacht. Die Bewegungsformen des Wachsens (bei Pflanzen am leichtesten sichtbar) sind, wie die des Wassers, in uns und äussern sich spontan über den Zeichenstift.

Als *Fleurs intérieures* sind meine Ölbilder von Organen des menschlichen Körpers betitelt – damit will ich nicht Lunge und Herz mit der Blume gleichsetzen, *fleur* steht hier als Metapher für die Schönheit, die es in den Gebilden unseres Organismus zu entdecken und zu würdigen gilt: Da wird Kunst zum Dienst an der (verkannten, weil verborgenen) Schönheit.

Daniel Ammann

Pflanzen verstehen bedeutet Gegenseitigkeit

Wenn wir der Pflanzenwelt gegenüberstehen, sie spüren wollen, uns in ihr Wesen einfühlen wollen, uns ihren Gesetzmässigkeiten annähern wollen, so ist das keine rasch erledigte Kleinigkeit, sondern erfordert eine lange während Zwiesprache. Dabei müssen wir auf Betrachtung, Erfahrungen und Wissen nicht verzichten. Um aber ganz in Beziehung mit der Pflanze zu gelangen, muss sich die Gegenseitigkeit absichtslos einstellen, ansonsten gelingt der eigentliche und wahrhafte Dialog nicht. Denn das Absichtslose hat einen anderen Grund als die Begegnung in der Absicht. Begegnen wir der Pflanze mit Absicht, so stellen wir uns etwas vor, wollen etwas wissen oder denken etwas. Die Pflanze hat keinen Anteil an den Absichten des Menschen. Sie lässt sich erfahren und beschreiben, aber es geht sie nichts an, und sie tut nichts dazu. Ganz anders, wenn wir der Pflanze absichtslos begegnen. Das Absichtslose hat kein Etwas zum Gegenstand. Es will nichts, aber es steht in Beziehung.

Diese Sichtweise folgt dem österreichisch-israelischen jüdischen Religionsphilosophen Martin Buber (1878–1965). Sie soll hier durch einen Ausschnitt aus seiner Schrift *Ich und Du* aus dem Jahre 1923 verdeutlicht werden:

»Ich betrachte einen Baum.

Ich kann ihn als Bild aufnehmen: starrender Pfeiler im Anprall des Lichts, oder das spritzende Gegrün von der Sanftmut des blauen Grundsilbers durchflossen.

Ich kann ihn als Bewegung verspüren: das flutende Geäder am haftenden und strebenden Kern, Saugen der Wurzeln, Atmen der Blätter, unendlicher Verkehr mit Erde und Luft – und das dunkle Wachsen selber.

Ich kann ihn einer Gattung einreihen und als Exemplar beobachten, auf Bau und Lebensweise.

Ich kann seine Diesmaligkeit und Geformtheit so hart überwinden, dass ich ihn nur noch als Ausdruck des Gesetzes erkenne – der Gesetze, nach denen ein stetes Gegeneinander von Kräften sich stetig schlichtet, oder der Gesetze, nach denen die Stoffe sich mischen und entmischen.

Ich kann ihn zur Zahl, zum reinen Zahlenverhältnis verflüchtigen und verewigen.

In all dem bleibt der Baum mein Gegenstand und hat seinen Platz und seine Frist, seine Art und Beschaffenheit.

Es kann aber auch geschehen, aus Willen und Gnade in einem, dass ich, den Baum betrachtend, in die Beziehung zu ihm eingefasst werde, und nun ist er kein Es mehr. Die Macht der Ausschliesslichkeit hat mich ergriffen.

Dazu tut nicht not, dass ich auf irgendeine der Weisen meiner Betrachtung verzichte. Es gibt nichts, wovon ich absehen müsste, um zu sehen, und kein Wissen, das ich zu vergessen hätte. Vielmehr ist alles, Bild und Bewegung, Gattung und Exemplar, Gesetz und Zahl, mit darin, ununterscheidbar vereinigt.

Alles, was dem Baum zugehört, ist mit darin, seine Form und seine Mechanik, seine Farben und seine Chemie, seine Unterredung mit den Elementen und seine Unterredung mit den Gestirnen, und alles in einer Ganzheit.

Kein Eindruck ist der Baum, kein Spiel meiner Vorstellung, kein Stimmungswert, sondern er leibt mir gegenüber und hat mit mir zu schaffen, wie ich mit ihm – nur anders.

Man suche den Sinn der Beziehung nicht zu entkräften: Beziehung ist Gegenseitigkeit.

So hätte er denn ein Bewusstsein, der Baum, dem unsern ähnlich? Ich erfahre es nicht. Aber wollt ihr wieder, weil es euch an euch geglückt scheint, das Unzerlegbare zerlegen? Mir begegnet keine Seele des Baums und keine Dryade, sondern er selber.«[120]

Johann Wolfgang von Goethe gab mit seinem Gegendiktum »Die Natur verstummt auf der Folter«, das er Francis Bacons (1561–1626) Diktum entgegenstellte, wonach der Mensch »die Natur auf die Folter spannen muss« (um ihr alles gemäss seinen Bedürfnissen zu entlocken), den Weg des sanften und uneigennützigen Ringens vor, um Einblicke in die Natur und damit auch in die Pflanzenwelt zu finden.

Goethe lebte das menschliche Suchen nach dem Verständnis der Pflanzen selbst. Er entwickelte beispielsweise in seiner naturwissenschaftlichen Schrift *Versuch die Metamorphose der Pflanzen zu erklären* von 1790 in 123 Paragraphen sein Verständnis der Biologie der Pflanzenwelt.[121] Acht Jahre später fasste er in seinem Gedicht »Die Metamorphose der Pflanzen« seine wissenschaftliche Erkenntnis zusammen und brachte sie als poetisches Kunstwerk in Form einer Elegie voll zum Ausdruck. Das Gedicht beschreibt, wie Goethe auf naturwissenschaftlichem Wege

Einsicht in die göttliche Weltordnung im Pflanzenreich gewann. Als Dichter ringt er nun in Versen darum, die Möglichkeit der Lebensverbundenheit von Mensch und Pflanze auszudrücken. Das Gedicht ist durchzogen von Wendungen wie »heiliges Rätsel«, »verwirren«, »Erstaunen«, »ewige Kräfte«. Sein Ringen, die Pflanze zu verstehen, führt nach ausdauernder Naturbeobachtung zum »lösenden Wort«: »Jede Pflanze verkündet dir nun die ew'gen Gesetze.«

So kann uns die Kunst den Weg zum Wesen der Pflanze besser aufzeigen als die Wissenschaft? Steht ein Mensch vor einem Naturstück wie dem *Sämann* von Vincent van Gogh (1853–1890) und lässt nach einer Minute seinen Blick zum nächsten Werk der Ausstellung schweifen, in der Meinung, das Bild betrachtet zu haben, und in der Überzeugung, dass dies genüge, so hat er womöglich zweierlei verpasst: die ästhetische Kraft sowohl des Bildes wie auch der dem Werk zugrundeliegenden Natur sowie die hinter dem Werk stehenden naturphilosophischen Zusammenhänge.

Wie kaum ein anderer ging van Gogh mit höchster Leidenschaft und tiefer Verbundenheit ununterbrochen und unentwegt auf die Natur, die Blumen, die Felder, die Bäume zu, um sie in ihrer Erscheinung und Einzigartigkeit in Farbe und Form zu erfassen. Er verbrannte sich regelrecht, um die Pflanzenmotive im direkten Gegenüber derart tief zu empfinden und folglich in ihrem Wesenskern künstlerisch fassen zu können. Seine Kunst gibt nicht bloss das Äussere der Pflanzenwelt wieder, sondern übersteigt es und macht innere Zusammenhänge sichtbar. Die Zwiesprache verhält sich zur Schöpfung gleichnisartig, indem sie sich nicht mehr um die reale Natur kümmert, sondern um deren »Gesetz«. Die Pflanze offenbart in van Goghs Kunstwerken mehr, als ihre Aussenseite zu erkennen gibt.

Nur ein stetes und einfühlsames Sicheinlassen bringt den Menschen mit der Pflanzenwelt in eine Beziehung.

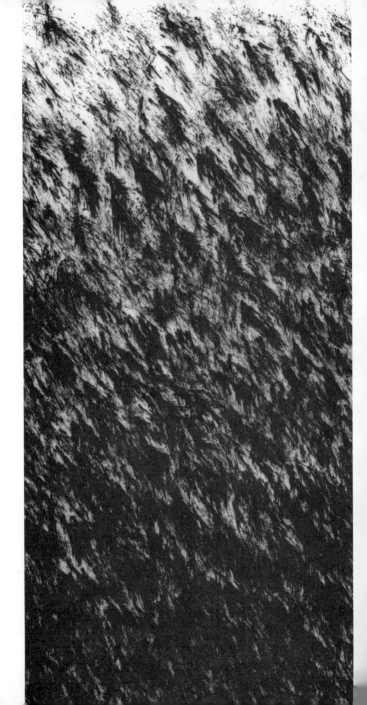

VII.

Was fliesst dazwischen?

Martin Ott

Die Pflanze ist Zwischenraum

Wenn wir nach den wertvollsten, vielseitigsten und in sich stabilsten Lebensräumen fragen, so führt uns die Natur nicht in die Mitte von Biotopen und Lebensräumen, sondern an die Ränder dazwischen.

Ein Beispiel: In der Lebensgemeinschaft Wald haben wir vielleicht sechs, sieben besonders spezifische Vogelarten: die Tannenmeise, das Sommer- und das Wintergoldhähnchen, den Waldlaubsänger und so weiter. Im Feld anderseits tummeln sich Feldlerche, die Raubvögel, die Schwalben und befliegen die weite, offene Landschaft. Wo nun aber Feld und Wald aneinandergrenzen, ist das Potential für mehr als einen zusätzlichen Lebensraum vorhanden: Dort ist nicht nur die Mischung beider vorhanden, sondern zusätzlich etwas Neues. Denn diese Grenze zwischen in sich geschlossenen Lebensräumen verläuft nicht wie mit einem Lineal gezogen, sondern in sich aufgelockert: Ein Baum und eine Busch-gruppe stehen frei im Feld, eine kleine Wiese mäandriert in den Wald hinein. So entsteht eine reichhaltige Waldrand-zone, halb Feld und halb Wald, von grosser Diversität und Schönheit. Dort leben dann fünfzig bis sechzig Vogelarten. Sie haben alle je ein besonders ausgeklügeltes Brutverhal-ten entwickelt, sind besonders farbig und singen besonders schön. Die Natur zeigt ihre ganze Kreativität und Schönheit an den Rändern zwischen den Lebensräumen. Dieses Poten-tial ist nicht nur am Waldrand vorhanden, auch am mäan-

drierenden Fluss und am Bachrand, am lebendigen Hecken-
saum, am geschwungenen, ungespritzten Ackerrand, rund
um einzelne Baumgruppen im Feld und am Wegrand.

Die schier unendliche, atemberaubende Vielfalt an Farben, Lebewesen, Synergien und Formen der Korallenriffe
entsteht ebenfalls in einem solchen Zwischenraum: am gemeinsamen Rand zwischen Wasser, Luft, Licht und Land,
die auf kleinstem Raum einen mit aussergewöhnlich diver-
sem Leben gefüllten lebendigen Zwischenraum bilden.

Diese Zwischenräume sind auch ungleich produktiv.
Dies zeigt das klassische Beispiel: das Wattenmeer. Nir-
gends wird so viel lebendige Eiweisssubstanz pro Quadratmeter gebildet wie hier. Dieser Lebensraum entsteht aus der
innigen Verbindung zwischen Meer und Land, die sich im
Rhythmus der Gezeiten regelmässig in kürzester Zeit ab-
wechseln.

Musik wird dann von uns als schön oder weniger schön
empfunden, wenn die Zwischenräume zwischen den Tönen,
die Intervalle, nach unserem Geschmack gesetzt sind. Diese
informieren uns über Harmonie, Freude, Moll oder Dur.

Die Dämmerung, der Zwischenraum von Tag und
Nacht, öffnet uns für Neues. Man spürt es selbst, der bewusst gestaltete Zwischenraum ist es, der Leben entwickelt,
offen für Veränderung ist, kreativ pulsiert, verbindet und
zugleich öffnet und vernetzt. Es entsteht ein Mehrwert, der
mehr ist als die Summe der einzelnen Teile.

Die Pflanze ist ein solcher Zwischenraum, sie pendelt
zwischen der Ausbreitung im Raum und der Zusammen-
ziehung im Samen. Sie spannt sich aber auch auf zwischen
dem dunklen, feuchten Boden einerseits und der Wärme-

Luft-Licht-Welt der Blüten und der Frucht andererseits. Sie ist damit auch selbst ein lebendiger Zwischenraum und dadurch mehr als die lebendige Grenze zwischen Boden und Umkreis.

Eine Landwirtschaft, welche die Kraft und Produktivität dieser Zwischenräume und die dadurch entstehenden Möglichkeiten zur Stabilisierung von Systemen fördern will, muss sich vermehrt und bewusst dieser Randzonen zwischen den Biotopen annehmen. Darum müsste nicht nur aus naturschützerischer und ästhetischer Sichtweise eine schöne, diverse Kulturlandschaft gefordert werden, sondern auch aus der schlichten Notwendigkeit heraus, die landwirtschaftlichen, pflanzlichen und tierischen Produktionspotentiale zu stützen.

Florianne Koechlin

Gefangen in einer Weltsicht

F. David Peat, Physiker und Gründer des Pari Center for New Learning, schreibt im Wissenschaftsjournal *New Scientist*[122], dass bereits unsere Sprache Ausdruck einer bestimmten Weltanschauung sei. Sie enthalte existentielle Annahmen über Raum, Zeit und Kausalzusammenhänge: »Europäische Sprachen spiegeln auf perfekte Weise die klassische Welt der Newtonschen Physik wider. Wenn wir sagen: ›Die Katze jagt die Maus‹, dann beziehen wir uns auf gut definierte Objekte (Substantive), die mit Hilfe von Verben verbunden sind. Auch die klassische Physik handelt von Objekten, die gut in Zeit und Raum lokalisiert sind und die mit Kräften und Feldern interagieren. Doch wenn die Welt nicht auf diese Weise funktioniert, werden Fortschritte gezwungenermassen erschwert.« Quanteneffekte zum Beispiel seien viel mehr prozessorientiert. Um sie beschreiben zu können, brauche es eine prozessorientierte Sprache mit vielen Verben, in der Substantive nur eine sekundäre Rolle spielen. Eine solche fand F. David Peat beim indigenen Volk der Montagnais in Québec und Labrador in Kanada. Ihre Sprache habe eine breite Vielfalt an Verben. Es fehle die Vorstellung, dass die Welt in Kategorien von Objekten aufgeteilt werden könne, wie »Fische«, »Bäume« oder »Vögel«. Der Satz *Hipiskapigoka iagusit* zum Beispiel wurde früher übersetzt als: »Der Zauberer/Hexer besingt einen kranken Mann.« Doch diese Übersetzung habe die

Wesensart des Denkens der Montagnais nicht erfasst. F. David Peat schreibt: »Anstelle eines Mediziners, der mit einem Kranken etwas macht, gibt es da eine Aktivität des Singens. Das Singen steht im Vordergrund. In dieser Weltsicht sind Gesänge lebendig, das Singen dauert an, und eingebettet in diesen Prozess befinden sich ein Medizinmann und eine kranke Person. Die Weltsicht der Montagnais ist fliessend und verändert sich immer. Da tauchen Objekte auf und kehren in den Fluss der Welt zurück. Da gibt es nicht dieselbe Vorstellung von einer fixierten Identität wie bei uns – sogar der Name einer Person ändert sich im Laufe ihres Lebens. Sie glauben, dass Objekte in diesem Fluss verschwinden, es sei denn, sie werden durch periodische Rituale (…) neu belebt. (…) Wir müssten uns immer an die von der Sprache gesetzten Grenzen erinnern, wenn wir über die Welt nachdenken.«

Dieses Bild – ein fliessender Prozess des Singens, in dem sich irgendwo ein Medizinmann und ein Kranker befinden – war uns ein ständiger Begleiter während der Diskussionen über dieses Buch. Immer wieder versuchten wir, dieses »Dazwischen« zu beschreiben, die vielen bekannten und erahnten Kommunikationsebenen zwischen den Pflanzen, ihrer Umgebung und uns: fliessen singen flüstern wispern fliessen fliessen.

Charles Causley
I Am the Song

I am the song that sings the bird.
I am the leaf that grows the land.
I am the tide that moves the moon.
I am the stream that halts the sand.
I am the cloud that drives the storm.
I am the earth that lights the sun.
I am the fire that strikes the stone.
I am the clay that shapes the hand.
I am the word that speaks the man.

Florianne Koechlin

Wie Pflanzen uns Menschen domestizieren

Dass eine Pflanze isoliert nicht lebensfähig ist, sondern nur in einem dichten Beziehungsgeflecht mit anderen Lebewesen gedeiht, das ist Thema vieler Fragmente in diesem Buch. Dafür gibt es auch einen wissenschaftlichen Begriff: Koevolution. Die Beziehung zwischen einer Biene und einem blühenden Apfelbaum ist ein klassisches Beispiel dafür. Bienen erhalten von den Apfelblüten Nektar und verbreiten dafür den Pollen von Blüte zu Blüte. Es ist ein Geben und Nehmen, das Resultat dynamischer und wechselseitiger Anpassungen im Laufe der Evolution. Vom Tauschhandel wie dem zwischen Biene und Blüte profitiert jede Seite, und jede Seite gibt etwas. Es ist ein koevolutionäres Zusammenspiel: Nahrung für die Biene gegen Transportdienste für Apfelgene.

Als Aussenstehende könnte man vielleicht meinen, die Bienen würden eigenständig entscheiden, welche Blüte sie anfliegen. Doch genauso gut könnte man sagen, dass die Apfelblüten die Bienen auf raffinierte Weise dazu verlocken, ihre Pollen von Blüte zu Blüte zu tragen. Dazu braucht es kein Bewusstsein – es ist in diesem Zusammenhang völlig bedeutungslos.

Der US-amerikanische Bestsellerautor Michael Pollan, der ebendiesen Tauschhandel in seinem Buch *Die Botanik der Begierde*[123] beschreibt, macht sich alsdann Gedanken darüber, welche Rolle er als Mensch, der in seinem

Garten Kartoffeln setzt und den von Bienen vibrierenden Apfelbaum beobachtet, in dieser Geschichte gegenseitiger Abhängigkeiten denn spiele. Letztendlich bringe ihn ja auch die Kartoffel dazu, durch ihren verführerischen Geschmack oder ihre schöne Form, ihr Erbgut weiterzuverbreiten. Auch sie seien Partner einer koevolutionären Beziehung, seit Beginn des Ackerbaus vor über zehntausend Jahren. Grösse und Geschmack der Knollen seien über Generationen hinweg von Menschen ausgelesen worden – »von den Inkas und Iren bis hin zu Menschen wie mir, die sich bei McDonald's Pommes frites bestellen«. Und er kommt zum Schluss: »Alle diese Pflanzen, die ich immer als Objekte meiner Begierde angesehen hatte, waren umgekehrt (...) auch Subjekte, die mit mir etwas anstellten und die mich dazu bewogen, Aufgaben für sie zu übernehmen, die sie nicht selber erledigen konnten.«

Der Begriff »Domestikation« sei ebenfalls ein ziemlich einseitiger Begriff, meint Pollan. Er hinterlasse den irrigen Eindruck, wir wären die Subjekte des Geschehens. Wir hielten die Domestikation für etwas, was wir mit anderen Arten anstellen, dabei sei es genauso logisch, zu sagen, bestimmte Pflanzen und Tiere hätten uns domestiziert, gleichsam als raffinierte evolutionäre Strategie, um ihre Interessen durchzusetzen. Eine Gruppe von Gräsern zum Beispiel – Mais oder Weizen – hätte sich auf Menschen spezialisiert und sie dazu gebracht, ganze Wälder abzuholzen, um ihnen mehr Platz zu verschaffen. Und Blumen würden mit ihrer Schönheit ganze Kulturen in ihren Bann ziehen, so unwiderstehlich, dass sie die Menschen dazu brächten, sie auszusäen, zu pflegen, über die ganze Welt zu verbreiten. Man könne die magische Anziehungskraft von Schönheit nicht einmal annähernd begreifen, schreibt Michael Pollan, ohne zunächst die Blume zu verstehen, denn sie habe ursprünglich unseren Begriff von Schönheit in die Welt gesetzt, in dem Moment, als sich vor Urzeiten der Reiz der Blumen als evolutionäre Strategie entwickelt hatte.

Pollan hält fest: »Wenn wir diese Pflanzen stattdessen als bereitwillige Partner in einer intimen, wechselseitigen Beziehung ansehen, bedeutet das, dass wir auch uns selbst ein wenig anders betrachten: als Objekte der Absichten, Wünsche und Bedürfnisse anderer Arten, als eine jüngere Bienenart im Darwin'schen Garten – genial, manchmal leichtsinnig und unser selbst erstaunlich wenig bewusst.«

*Koevolution zwischen Akazien, Giraffen und Ameisen
oder: Warum es wichtig ist, gefressen zu werden*

In den Savannen Kenias gehören Giraffen zu den ärgsten Feinden der Akazien, sie fressen gern deren Blätter. Doch Akazien wehren sich auf vielfältige Weise. So produzieren sie zwischen Stängel und Dornen kleine zuckerreiche Nektartröpfchen (sogenannten extrafloralen Nektar), mit denen sie Ameisen anlocken. Sie lassen dann bestimmte Dornen anschwellen, um die Ameisen zu beherbergen. Diese sind gute Verbündete: Sie greifen alle Schädlinge an, seien dies Insekten oder Säugetiere.
Forscher um Todd M. Palmer von der University of Florida in Gainesville schützten in einem Dauerexperiment 1700 Akazien durch einen hohen Zaun vor Giraf-

fen und anderen grösseren Pflanzenfressern.[124] Erwartet wurde, dass die Bäume in Abwesenheit der Giraffen besser gedeihen – doch das Gegenteil passierte. Die Akazien wuchsen schlechter und waren kränker. Grund: Da die Giraffen nicht mehr an den Akazien fressen konnten, bildeten diese weniger Dornen und weniger Nektar für die Ameisen. Daraufhin kamen die Ameisen nicht mehr. In der Folge wurden die Bäume stärker von anderen Schädlingen, zum Beispiel dem Borkenkäfer, befallen und wuchsen wesentlich langsamer und schlechter. Die Ausrottung eines Tieres kann einen Dominoeffekt auf viele weitere Lebewesen haben: auch das ist ein Beispiel von Koevolution.

Bastiaan Frich

Das sich wandelnde Kleid der Mutter Erde

Die Evolution steht nie still. Auch das Kleid der Mutter
Erde – als in früheren Hochkulturen weitverbreitetes my-
thisches Sinnbild für die der Erde innewohnenden frucht-
bringenden Wachstumskräfte – wandelt sich ständig und
unaufhörlich. Mit anderen Worten: Ihr ist ein natürlicher
sukzessiver Prozess inhärent. Mit viel Energieaufwand können wir versuchen, diese Prozesse zu bremsen, aufhalten
können wir sie jedoch nicht.

Mit dem heutigen Ausmass an beschleunigter Mobilität
reisen Pflanzen sprichwörtlich um den Globus. Als einheimisch gelten bei uns in Mitteleuropa Pflanzen, die entwe-
der bereits vor 1492 hier angekommen oder hier entstanden
sind. Alle späteren Ankömmlinge werden als Neophyten
(von griechisch *neos* = jung, frisch und *phyton* = Pflanze) bezeichnet. So gelten die klassischen Obstbäume, die unsere
Landschaften prägen – wie beispielsweise der Apfelbaum
(Malus domestica) –, als einheimisch, denn sie wurden bereits
etwa hundert Jahre vor Christus mit den Feldzügen der Rö-
mer nach Mitteleuropa gebracht. Ihre ursprüngliche Hei-
mat beziehungsweise ihr Wawilow-Zentrum, also das Gen-
zentrum, der Entstehungsort dieser Art, waren der Mittlere
Osten und Zentralasien (heutiges Kasachstan). Oder die
Schweizer Staatsblume, das Edelweiss: Es wanderte während
der letzten Kaltzeit (vor etwa 20 000 Jahren) aus den Hoch-
steppen Zentralasiens in die Alpen ein.

Mit der sogenannten »Entdeckung« Amerikas durch Christoph Kolumbus (um 1451–1506) begann die Zeit der globalen Artwanderungen, in der Biologie auch Kolumbianischer Austausch *(Columbian Exchange)* genannt. Er umfasst nicht nur die Pflanzen, sondern auch den Austausch von Tieren, Genen, Viren und Bakterien zwischen der Alten und Neuen Welt.

Als invasive Neophyten werden die erfolgreichsten pflanzlichen Eindringlinge bezeichnet. Zugleich wurden diese Arten vorwiegend absichtlich durch Menschen eingeführt. Meist besteht die Angst, dass bereits angesiedelte Arten ihres Lebensraumes beraubt und verdrängt werden könnten. Dabei geht oft vergessen, dass wir es mit biologischen Prozessen zu tun haben: Da gibt es kein automatisches Anwachsen, keine Schneeballeffekte, ohne dass sie nicht durch Rückkopplungsmechanismen gebremst werden. In lebenden Systemen, in jedem Ökosystem besteht die Tendenz zur Gleichgewichtsfindung.[125] Auch eine unberührt anmutende Landschaft haben meist menschliche Einflüsse stark geprägt. Stehen wir heute in Mitteleuropa beispielsweise in einem Wald, ist die Wahrscheinlichkeit sehr hoch, dass wir uns in einer menschengeschaffenen Landschaft befinden.[126] Wo wir heute offene Flächen sehen – ob Magerwiese oder landwirtschaftliche Monokulturen –, gab es früher Laubmischwälder, Auenwälder oder Moorlandschaften. Der Mensch ist somit heute der aktivste »Designer« des Kleides der Mutter Erde. Christian Körner beschreibt im renommierten Standardwerk *Strasburger – Lehrbuch der Botanik* treffend: »Eine Trennung von Natur- und Nutzlandschaft ist heute zunehmend schwierig, da auch auf den ersten Blick noch natürlich anmutende Landschaft auf oft sehr subtile Weise bereits anthropogen verändert ist.«[127]

Erinnern wir uns an dieser Stelle an Oskar Kokoschka (1886–1980), der einst sagte: »Unkraut ist die Opposition der Natur gegen die Regierung der Gärtner.« In diesem Sinne können Neophyten einerseits als invasive Bösewichte, die uns und die Umwelt bedrohen und finanzielle Unkosten verursachen,[128] wahrgenommen werden. Andererseits besteht jederzeit auch die Möglichkeit, die Neuankömmlinge als das sich wandelnde Kleid der Mutter Erde zu begrüssen.

Martin Ott

Eine Nutzpflanze wird Unkraut
und wieder Nutzpflanze

Die Blacke (*Rumex obtusifolius,* in höheren Lagen *Rumex alpinus*) war im Alpenraum eine von jeher verbreitete und geschätzte Nutzpflanze. Der Hauptverwendungszweck ihrer Blätter bestand in der Herstellung einer Art Sauerkraut, des sogenannten Mass. Beim Heuen oder Emden wurden die wildwachsenden Pflanzen stehen gelassen, um die natürliche Vermehrung zu fördern. Bündelweise wurden Blacken gesammelt, gekocht, abgetropft und mit Gewürzkräutern, später mit Salz, in luftdichte Behälter gestampft. Nach eintretender Milchsäuregärung wurden sie ein haltbarer und geschätzter Bestandteil der bäuerlichen Ernährung. Auch für die Schweinefütterung wurde aus gestampften rohen Blackenblättern Mass hergestellt. Ein Bündner Bauer aus Arosa berichtete, es sei dadurch ein viel besser schmeckendes Fleisch zu erzielen; dieses sei haltbarer als der Speck aus den üblicherweise mit Abfällen gefütterten Tieren. Der Speck bleibe sieben bis acht Jahre frisch und werde nicht ranzig. So sehr hatten sich die Bauern an die Blacken gewöhnt, dass noch 1910 ein Bauer aus Rüschegg BE, der im Unterland ein Heimwesen gekauft hatte, nach Hause schrieb, man möge ihm doch bitte Blackensamen schicken, da es auf seinem neuen Heimwesen keine Blacken gebe.[129]

Heute ist die Blacke eines der meistgejagten Unkräuter. Biobauern bekämpfen sie durch mühsames Ausstechen der

Wurzeln, Bauern, die konventionelle Landwirtschaft betreiben, durch grossflächiges Vergiften mit spezifisch auf breitblättrige Pflanzen wirkenden Unkrautvertilgungsmitteln oder durch Einzelstockbehandlung mit dem sogenannten Blackengewehr. Heute verursacht die Blacke mithin grosse Kosten. Viele Bauern wagen deshalb nicht, auf eine naturnahe und biologische Bewirtschaftung umzustellen: Sie haben tatsächlich zu grossen Respekt vor der Pflanze und fürchten, ohne chemische Bekämpfung könne man des Problems nicht mehr Herr werden.

Was ist passiert? Die Blacke liebt verdichteten und mit Stickstoff überdüngten Boden. Darum finden wir sie dort in Monokultur, wo Tiere den Boden überbelasten (der Boden wird verdichtet) oder ihren Kot und Harn deponieren (der Boden wird überdüngt): auf den Standplätzen um die Ställe herum, gut sichtbar vor allem in den Alpen. Dort fühlt sich die Blacke wohl; sie duldet, indem sie mit ihren grossen, breiten Blättern viel Schatten verursacht, keine Konkurrenz.

Nun ist der Eintrag von Stickstoff in unsere landwirtschaftlichen Böden im letzten Jahrhundert enorm gestiegen, vor allem nach dem Ersten und dem Zweiten Weltkrieg: Nach Kriegsende konnte Stickstoff nicht mehr für Sprengstoff in Bomben und Waffen verwendet werden und wurde den Bauern billig abgegeben. So verdichtete und überdüngte die Landwirtschaft langsam die Böden. Stickstoff aus der Erdölverbrennung für Heizungen und Verkehr, der mit dem Regen zusätzlich in die Böden gelangte, verschärfte diese Situation. Der heutige Zustand der Böden fördert die Ausbreitung der Blacke stark. Dies geschieht sowohl in den Ackerböden als auch in den Naturwiesen. Hinzu kommen immer schwerere Maschinen: Ein normaler Traktor hat heute, zusammen mit einem Heuladewagen oder einem mittleren Jauchefass, ein Gewicht von rund zehn Tonnen. Ein Mähdrescher wiegt rund zwanzig Tonnen, ein Zuckerrübenvollernter, der im November in die nassen Böden fährt, bis sechsunddreissig Tonnen.

Neben der Bekämpfung der Blacke gibt es aber noch eine andere Methode, um zu reagieren. Der bekannte Schweizer Biobauer der ersten Stunde, Ernst Frischknecht, schrieb schon vor Jahren: »Die Blacke, dein Freund und Helfer.« Damit irritierte er einen grossen Teil der bäuerlichen Öffentlichkeit. Er selbst liess die Pflanzen auf seinem Hof wachsen. Nur die Blacke, so Frischknecht, helfe dem Boden, eben genau die Situation, die sie fördere, langfristig auch wieder zu verbessern. Ihre riesige, unheimlich zähe und starke Pfahlwurzel führe den verdichteten Böden wieder Luft zu; die wuchernden, massebildenden Blätter entzögen den erstickten und überdüngten Böden genau das Zuviel an Dünger. Damit reguliere die Blacke dank ihrer Spezialisierung langfristig den Standort; mit der Zeit schaffe sie sich dann selbst wieder ab. Sie hinterlasse einen ausgeglicheneren, lockereren und nicht mehr überdüngten Boden und wirke so als Heilmittel gegen die begangenen Fehler der Landwirtschaft. Daher sei es schlicht falsch, sie zu bekämpfen.

Tatsache ist, dass Blacken auf magereren und nicht mehr so verdichteten Standorten bald einmal von einem spezifisch leuchtenden, grünblau schillernden Blackenkäfer *(Gastrophysa viridula)* befallen werden. Dieser frisst, zusammen mit seiner bald schlüpfenden Kinderstube, die Blätter bis zum Kahlfrass weg und schwächt so die Pflanze, bis sie verschwindet.

Florianne Koechlin

Unlösbare Verflechtungen
von Mensch und Pflanze

Jedes Kohlenstoffatom eines menschlichen Körpers war vorher, im Laufe der Evolution, schon unzählige Male in einem anderen Lebewesen, in einer Narzisse, einer Eiche oder einer Lerche. Es ist ein ewiger Kreislauf: Entstehen, Verwandeln, Vergehen. Auch wir sind Teil dieses Kreislaufs.

Die wunderbaren *Metamorphosen* des römischen Dichters Ovid (43 v. Chr. – 17 n. Chr.) kreisen um dieses Thema. Da verwandeln sich Menschen und Götter in Pflanzen oder in Tiere. Philemon und Baucis zum Beispiel, ein ärmliches, altes Ehepaar, nahmen als Einzige im Dorf den als Bettler verkleideten Jupiter bei sich auf und bewirteten ihn so köstlich, wie es eben ging. Als Dank wollte Jupiter ihnen einen Wunsch erfüllen. Dass keiner vor dem anderen sterbe und sie immer zusammenbleiben könnten, war ihre Antwort.

»Als sie einmal, vom hohen Alter entkräftet, (...) sich eine Geschichte (...) erzählten, sah Baucis, wie Philemon sich belaubte, und der alte Philemon, wie Baucis sich belaubte. Und als schon über beider Gesicht der Wipfel hinwuchs, sprachen sie miteinander, solange es ihnen noch vergönnt war. ›Leb wohl, mein Gemahl!‹ sagten sie zugleich, und zugleich verschwanden die Lippen beider im Geäst«, schreibt Ovid. Noch heute »stehen eine Linde und eine Eiche auf Phrygiens Hügeln, umgeben von einem bescheidenen Mäuerchen«.[130]

Das Blut des selbstverliebten Narkissos wiederum tränkte die Erde, woraus Narzissen wuchsen. Er hatte sich umgebracht, weil er sein eigenes Spiegelbild nicht ertrug. Dort, wo Hyakinthos' Blut die Erde durchfeuchtete, wuchsen und sprossen bald Hyazinthen. Und die Bergnymphe Daphne entkam Apollons stürmischen Liebesverfolgungen nur, weil sie von ihrem Vater Peneios in einen Lorbeerbaum verwandelt wurde.

Metamorphosen: ein ständiges Werden, Wachsen, Verwandeln und Vergehen. Momente des Übergangs von einer Gestalt zur anderen, Schwebezustände.

In Ovids *Metamorphosen* sind Mensch, Tier und Pflanze nicht so sehr voneinander getrennt, dass sie nicht ineinander übergehen könnten. Doch da ist auch keine harmonische, evolutionär bedingte Ordnung, es herrscht eher ein Chaos vor, ein »ständig pendelndes, zu keinem Sinn auflösbares Spiel von Identitätswechseln«.[131]

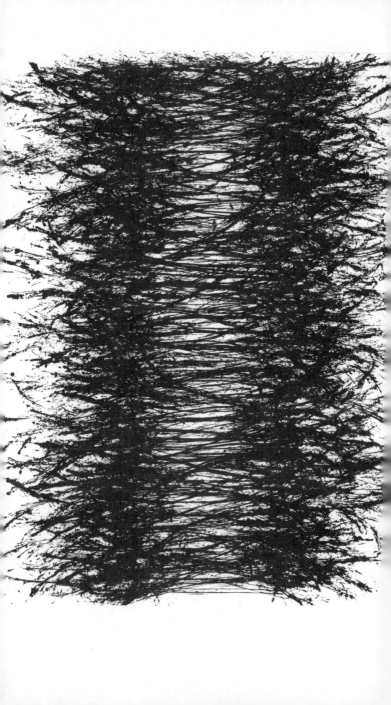

VIII.

Und unsere Verantwortung?

Beat Sitter-Liver

Gedanken zur Grundlage für die Würde auch der Pflanze

Das Fortleben der Menschheit ist nur mit der Natur und nicht gegen sie möglich. Hans Jonas (1903–1993) plädiert darum nicht bloss für Pflichten gegenüber Menschen, sondern auch der Natur gegenüber: »Wir (…) sagen, dass die in der Gefahr neuentdeckte Schicksalsgemeinschaft von Mensch und Natur uns auch die selbsteigene Würde der Natur wiederentdecken lässt und uns über das Utilitarische hinaus ihre Integrität bewahren lässt.«[132] – Die Gefährdung der Welt drängt uns vermehrt, mit der Würde der Natur die Würde der Pflanzen zu entdecken.[133]

Es gibt Erfahrungen und Reflexionen, die den Menschen über die Hochschätzung der Natur in den Gedanken der Würde der Pflanzen hineinführen. So stehen ihm Zwecksetzungen nur offen, wenn er auf »Vorleistungen der Natur« zurückgreifen kann. Sein Denken und Handeln setzt voraus, dass er in der einen oder anderen Art auf dem aufbaut, was die Natur mit ihren Kreaturen, darunter den Pflanzen, vermittelt. Schon die Einsicht in diese Vorleistungen kann uns bewegen, die Natur, in ihr die Pflanzen, in ihrer Eigenständigkeit und Eigenwertigkeit – und damit in ihrer Würde – anzuerkennen.

Was immer existiert, es stammt nie nur von uns, sondern wurzelt in einem Anderen. Das Gehaltensein in diesem Anderen vermittelt allem, womit wir uns befassen, für uns eine einzigartige Würde, der Natur insgesamt unsere umfassende Ehrfurcht.[134] »Das in unserem Zusammenhang Wichtige ist, dass der doch primär um die Zukunft der Menschheit Besorgte die Würde der Natur nicht für zweit- oder drittrangig (...) hält: Für die Würde der Natur«, damit immer auch für Pflanzen, Tiere und andere Lebewesen, »einzutreten zeugt (...) von Wissen um die Zusammenhänge unseres Lebens.«[135]

Die damit verbundene Erfahrung ist klar und deutlich: Im Bereich des Lebendigen wirkt neben den für uns offenen Unterschieden auch das Gemeinsame. Das ist der Fall in Bezug auf die Würde, auf die so manche unter uns zu Unrecht einen Alleinanspruch zu erheben suchen.

Beat Sitter-Liver

Wege zur Würde

Sprechen wir von der Würde der Pflanze, verstehen wir Würde als eine in den Pflanzen von uns für uns angelegte Auszeichnung. Sie nötigt uns Achtung Pflanzen gegenüber ab und versagt es uns im Prinzip, sie ausschliesslich als Mittel zur Befriedigung unserer Interessen misszuverstehen: Nicht anders als viele Fragmente in diesem Buch ermutigt sie uns, die Pflanzen nie als blosse Sachen zu betrachten, sie nicht ohne guten Grund, nicht ohne Einschränkung und nie beliebig zu instrumentalisieren.[136]

Das zieht nach sich, im Umgang mit Pflanzen diese als Mitwesen zu verstehen, denen aufgrund einer gemeinsamen Vorgeschichte und der daraus resultierenden Gleichheiten Achtung und Zuwendung gebührt. Es gilt, zu versuchen, die Pflanze als das, was sie von sich aus ist, zu verstehen, ohne dass allein unsere Nutzungsinteressen ins Spiel kommen. Das Erkenntnisinteresse richtet sich auf Pflanzen als Lebewesen in der Absicht, ihnen als eigene Lebensformen gerecht zu werden. Wir sprechen also, im Unterschied zur Anthropozentrik, von Biozentrik. In der sich damit verbindenden ethischen Position fragen wir danach, was sich im Umgang mit Anderem gehört. Leitend ist, was für die Pflanze als sie selbst gut ist. Fairness und weitere Gerechtigkeitsfragen sind wesentlich, weil es darum geht, der Pflanze in ihrem eigensten Dasein zu entsprechen.

Welche Grundhaltung wir einnehmen, hängt letztlich ab von einer *existentiellen* Entscheidung. Getragen wird sie von einem Bild, dem wir nachleben wollen. Ein wohl zumeist begangener Weg, zu unserem Selbstbild zu finden, orientiert sich an den Vorstellungen, die in unserem sozialen, kulturellen und geschichtlichen Umfeld gelten. Menschenwürde dürfte zumeist das Ziel sein.

Seiner Würde als Mensch entsprechend leben heisst, das *Ideal der Humanität* so weit immer möglich zu verwirklichen. Damit gemeint ist eine regulative Idee, die unsere Praxis anleitet, wenngleich sie sich nie vollständig realisieren lässt. So trägt »der Mensch« die Idee der Humanität »als das Urbild seiner Handlungen in seiner Seele«, schreibt Immanuel Kant (1724–1804).[137] Als sittliches Wesen ist er durch sich selbst gehalten, ihm nachzuleben, vermag es indes stets nur in je geschichtlicher Gestalt zu verwirklichen: Humanität bleibt Vision, offen für bessere Einsichten, für Veränderungen, auch Pflanzen gegenüber. Humanität geht von der Sonderstellung des Menschen in der Natur aus, verbindet diese aber mit der »Position fürsorgender Verantwortung, die ausschliesst, dass der Mensch durch rücksichtslose Ausbeutung zum Vernichter der ihm anvertrauten oder doch ausgelieferten Natur wird«[138]. »Human sein heisst: Rücksicht nehmen, teilnehmen, helfen. In diesem Sinn ist Menschlichkeit das eigentlich Neue, Andere gegenüber stumpfer Rücksichtslosigkeit in der Natur«[139]. Humanität ist »intervenierende Solidarität mit den Rechtlosen und Hilflosen«[140]. Sie erfüllt sich auch darin, dass der Mensch, soweit er betroffen ist und sein Vermögen reicht, jedem Lebewesen, nicht zuletzt den Pflanzen, zur bestmöglichen Entfaltung verhilft.[141]

Diese Grundhaltung praktisch werden zu lassen setzt voraus, dass wir uns auf all die Lebewesen einlassen, mit denen wir diese Welt teilen, soweit sie in unseren Bereich treten (so wiederholt Albert Schweitzer). Hilfreich dabei ist etwa Jürg Stöcklin, der uns 2007, besonders angeregt durch die Eidgenössische Ethikkommission für die Biotechnologie im Ausserhumanbereich EKAH, bedeutende Aspekte der Pflanze vorführte: die Pflanze als ein auf sich selbst bezogenes Lebewesen, das sich erinnern kann, mit seinesgleichen wie mit anderen Organismen kommuniziert; die Umwelteinflüsse, denen es ausgesetzt ist, in vielfältiger Weise rezipiert, analysiert und zur Grundlage der Steuerung seines Verhaltens macht; als ein Lebewesen, das sich gegen Aggressoren zur Wehr setzt, zugleich optimale Bedingungen für seine Existenz zu gewinnen sucht.[142] Diese und andere pflanzliche Eigenschaften wurden weiter erfasst, analysiert und bearbeitet. Sie finden sich mehrfach entwickelt und vertieft auch in verschiedenen der hier präsentierten Fragmente.[143]

Pflanzen sind Lebewesen, die als Individuen fassbar sind, denen man, auch ohne ihnen etwa Reflexion oder weit ausgreifende Planung zuschreiben zu müssen, ein Selbst zubilligen kann: Sie existieren als Wesen, denen es in ihrem Dasein um dieses Selbst geht, denen *ein eigenes Gutes* zukommt. Wir vernunftbegabte Menschen, lassen wir uns nur eindringlich genug auf Pflanzen ein, vermögen in ihnen einen Wert auszumachen, der nicht erst aus unserem Wertschöpfen entspringt: einen *Eigenwert,* dessen Ursprung in den Pflanzen selbst liegt. Erst wir Menschen bringen dieses eigene Gute, diesen Eigenwert zur Sprache – wenn wir wollen. Und es ist dieser Eigenwert, der uns veranlassen kann, von Würde auch bei Pflanzen zu sprechen – ohne die Trivialisierung beziehungsweise die Gefährdung des Begriffs der Menschenwürde befürchten zu müssen.

Beat Sitter-Liver

Etwas über Verantwortung für
und Nutzung von Pflanzen

Wer von Würde auch bei Pflanzen spricht, versteht sich als diesen Naturwesen gegenüber verantwortlich. Sie sind ihm nicht beliebig verfügbar, sondern nur unter Berücksichtigung ihrer eigenen Bestimmungen und Bedürfnisse sowie der durch sie für sich selbst erbrachten Leistungen. Das schliesst jedoch ihre Nutzung durch Menschen nicht aus, setzt dieser freilich Grenzen, die bestimmt werden durch der Pflanzen Eigenwert und Einsatz primär für ihren Bedarf. Pflanzen sinnvoll *anders* und über ihre eigenen Bedürfnisse hinweg durch Menschen zu nutzen ist darum moralisch nur dann vertretbar, wenn dies gestützt auf eine sorgfältige Güterabwägung geschieht – auf eine Güterabwägung, deren Ergebnis eindeutig für die Bedienung allgemein wichtiger und dringlicher menschlicher Interessen spricht, nicht hingegen für ausschliesslich auf bloss wenigen zugedachten und stetsfort wachsenden materiellen Gewinn.

Nicht anders als die Pflanzen sind Menschen als Lebewesen Teil der Natur. Als solche, ausgerüstet mit ihren vielfältigen Fähigkeiten, sind sie immer auch verantwortlich für ihre nichthumanen Mitwesen, wenn wohl anders und weniger als für ihre Mitmenschen. Doch selbst »wer Pflanzen (...) eine Würdigung zubilligt, muss deshalb« – um einen gängigen Spott schneller Kritiker nun selbst zu karikieren – »noch lange nicht darauf verzichten, Salat zu essen oder den Rasen zu mähen«. Er und sie akzeptieren und verteidigen allerdings, dass »nicht ohne Grund alles getan werden darf, was möglich« und erwünscht ist.[144]

Beat Sitter-Liver

Zuspruch der Würde
als Regelung der eigenen Praxis

Die Würde der Pflanze richtig zu erfassen oder ihr diese auch bloss zuzusprechen bedeutet nicht, dass wir uns ihrer zur Erhaltung unserer selbst nicht bedienen sollten. »Es geht doch nicht darum, den Leuten die Gurke auf dem Teller madig zu machen.«[145] Wohl aber verbindet es sich mit dem Willen, sich ihrer nicht zu bedienen, ohne sie in dem, was sie als sie selbst ist, wertzuschätzen. Damit verbindet sich das Versprechen, Pflanzen nicht ohne Rücksicht und ohne jedes Mass zu verbrauchen, gedankenlos oder mutwillig zu zerstören. Albert Schweitzer (1875–1965) hinterliess uns die nötige Lehre: »Was sagt die Ehrfurcht vor dem Leben über die Beziehungen zwischen Mensch und Kreatur? Wo ich irgendwelches Leben schädige, muss ich mir darüber klar sein, ob es notwendig ist. Über das Unvermeidliche darf ich nicht hinausgehen, auch nicht in scheinbar Unbedeutendem. Der Landmann, der auf seiner Wiese tausend Blumen zur Nahrung für seine Kühe hingemäht hat, soll sich hüten, auf dem Heimweg in geistlosem Zeitvertreib eine Blume am Rande der Landstrasse zu köpfen, denn damit vergeht er sich an Leben, ohne unter der Gewalt der Notwendigkeit zu stehen.«[146] – Schon 1923 erhielten wir also eine sehr gute und klare Antwort auch auf die offensichtlich für viele immer noch »alles entscheidende Frage (…): Wie lässt sich Wissenschaft mit der Würde von Lebewesen vereinbaren?«[147]

Würde der Pflanze
als Grenzbegriff mit ethischen Konsequenzen

Das Konzept der Würde der Pflanze ist auch als Grenzbegriff interpretierbar. Als solches mündet es unmittelbar in ethische Konsequenzen für die Menschen als moralische Wesen. Die folgenden Regeln gehören dazu:[148]

— Vollständige und bedenkenlose Instrumentalisierung von Pflanzen – ob als Kollektive, Arten oder Individuen – ist moralisch unstatthaft.

— Leichtfertiger oder gar von böser Absicht geleiteter Umgang mit Pflanzen – ob mit Kollektiven, Arten oder Individuen – ist moralisch unzulässig. Unter dieses Verdikt fällt unter anderem die Ausbeutung der Landwirtschaft, also die ausschliesslich profitorientierte Ausbeutung von Feldern und Wäldern. Die gewissenlose Übernutzung der Meere liefert ein nicht minder sprechendes Beispiel.

— Moralische Gründe sprechen dagegen, Pflanzen mit dem Anspruch auf absolutes Eigentum zu begegnen. Kein Mensch darf nach grenzenlosem Belieben mit ihnen verfahren. So sind zum Beispiel Pflanzen als solche nicht patentierbar, auch nicht bei zeitlich begrenzter Wirkung eines Patentes: Keine Pflanze verdankt sich allein menschlichem Wirken.

— Pflanzen können in dem, was sie von sich aus sind, bearbeitet werden; die wichtigsten Züge ihres Eigenseins sollen ihnen jedoch nicht geraubt werden. Terminatortechnologie, das heisst nur auf wirtschaftlichen Gewinn zielende Aussensteuerung von Fortpflanzungsfähigkeit oder anderen wesentlichen Eigenschaften, ist darum moralisch unstatthaft.

– Die Nutzung von Pflanzen steht dem Menschen zu, nicht allerdings ihre Vernutzung als Art oder Kollektiv. Auch bleiben die Menschen an Zurückhaltung gebunden, das heisst an die Kriterien der Notwendigkeit und der Unvermeidbarkeit. In der hierzu erforderlichen Güterabwägung soll dem Eigensein und dem Eigenwert der Pflanze beachtliches Gewicht zukommen.

– Wo Pflanzenarten von Menschen abhängig sind, ist ihre Erhaltung moralisch geboten, ihre Tilgung hingegen prima facie unzulässig.

– Der züchterische Umgang mit individuellen Pflanzen ist gerechtfertigt, soll sich aber mit der Erhaltung der natürlichen, nicht vom Menschen gewirkten Beziehungsgefüge verbinden.

– Jede Handlung mit und gegenüber Pflanzen, die der Selbsterhaltung von Menschen dient, ist moralisch gerechtfertigt. Bedingung bleibt, dass sie den Prinzipien der Verhältnismässigkeit und der Vorsorge folgt.

Beat Sitter-Liver

Rechte für Pflanzen

Sprechen wir hier von Rechten, dann von subjektivem Recht. Weil Pflanzen nicht vernunftbegabt sind, stehen Herrschafts- oder Gestaltungsrecht nicht zur Diskussion, wohl aber Anspruchsrechte: Befugnisse, die für die Berechtigten aus dem objektiven Recht resultieren. Sie müssen nicht vom Träger selbst, doch von einem Vertreter beansprucht werden. Anspruchsrechte werden von Menschen gesetzt, im Falle von Pflanzen gestützt auf deren eigenstes Wesen und aus der hieraus fliessenden Zuwendung – in einem jener Prozesse, in denen Menschen Humanität und damit ihre eigene Würde bekräftigen. – Zu solchen Rechten zählen Fortpflanzung, Eigenständigkeit und Evolution, das Überleben der eigenen Art; dann die Rechte auf respektvolle Forschung sowie darauf, als eigenständiges Lebewesen nicht patentiert zu werden (siehe S. 200–202).

Der Zugang zum Wesen der Pflanze erschliesst sich auf manchem Weg, so über Beobachtung, Emotionen, Erziehung, über Kultur schlechthin. Der Weg der Naturwissenschaften ist einer unter anderen. Moderne Konzepte sind es, die uns zu neuen, unerwarteten Erkenntnissen geführt haben: Pflanzen sind Lebewesen, denen es in ihrem Leben um dieses selbst geht. Sie passen sich ihrer Umwelt, deren Veränderungen an, kommunizieren miteinander und mit anderen Lebewesen. Duftstoffe und andere Signale benützen sie. Ihr Wachstum und ihre Reaktionen auf die Umwelt sind nicht ausschliesslich genetisch fixierte Reflexe. Der Mensch, auf Werte ausgerichtet, vermag vom Eigenwert der Pflanzen zu sprechen. Als moralisches Wesen kann ihn Achtung erfüllen, auch weil er mit Pflanzen in ihrer Geschichte und Gegenwart Eigenheiten teilt: Dem Gleichheitsgrundsatz folgend, wird er sich bemühen, Gleiches gleich, Ungleiches aber auch ungleich zu bewerten und zu behandeln.

Achtung – mit Albert Schweitzer sprechend »Ehrfurcht« – hält uns an, Pflanzen um ihrer selbst willen zu pflegen, sie nicht ohne guten Grund zu beeinträchtigen, auch wenn wir in unserem Dasein von ihnen abhängen, sie verbrauchen müssen – so etwa für die Ernährung, aber auch in der Wissenschaft. Gestehen wir ihnen Anspruchsrechte zu, dann weil wir uns aus eigener Einsicht und Betroffenheit Grenzen für den Umgang mit Pflanzen setzen. Dies mit dem Ziel, den Umgang nicht nur aus Eigeninteresse zu gestalten, sondern in Anerkennung des erfassten Eigenwertes auch jeder einzelnen Pflanze. Unserer Ehrfurcht können wir Ausdruck geben, indem wir von der Würde der Pflanze sprechen – wie das die schweizerische Bundesverfassung (Artikel 120 Absatz 2) seit 1992 sowie Parlament und Verwaltung in anschliessenden Erlassen zu tun pflegen.

Die Idee der Pflanzenwürde und die aus ihr fliessenden Anspruchsrechte stehen Veränderungen, darunter molekularbiologischen Eingriffen, nicht grundsätzlich entgegen. Diesen sind jedoch immer Grenzen gesetzt, etwa sozialethisch begründete Barrieren. – Es ist auf diesem Weg, dass wir uns zur Quelle subjektiver Rechte der Pflanzen begeben, ihre Würde erfassen und schätzen.

Beat Sitter-Liver

Epilog: Grundregeln der Ethik für Pflanzen

Zwar trifft zu, dass wir, jedenfalls heute noch, schlicht nicht wissen, ob Pflanzen leiden können wie wir oder nicht-humane Lebewesen. Doch ebenso wenig ist uns bekannt, ob sie frei sind von vergleichbarem Leiden. Vertraut ist uns hingegen, dass Pflanzen es mit Sicherheit merken, wenn ihnen etwas Ungutes widerfährt. Dazu dient ihnen besonders ihr Wurzelbereich, jedoch lassen auch Reaktionen in ihren über dem Boden befindlichen Teilen darauf schliessen. Pflanzen reagieren auf diese Empfindungen, vergleichbar menschlichen Reaktionen auf Schmerz.

Wir stehen damit Erscheinungen gegenüber, bei denen sich der Gleichheitsgrundsatz kaum anwenden lässt, jedenfalls zurzeit nicht. Hingegen fordert uns gerade das Anderssein der Pflanzen heraus, ihnen als Mitlebewesen aus sittlicher Einsicht und in moralischer Praxis entgegenzukommen. Und wir sehen uns veranlasst, Moral und Ethik, neuen Erkenntnissen folgend, weiterzuentwickeln.

Einmal mehr finden wir Anlass, über Albert Schweitzers Ethik nachzudenken. Einmal mehr bewährt sich sein Grundsatz der Ehrfurcht vor dem Leben, ergänzt durch das »denknotwendige Grundprinzip des Sittlichen«, das da lautet: »Gut ist, Leben erhalten und Leben fördern; böse ist, Leben vernichten und Leben hemmen.«[149] Und wichtig bleibt sein Verständnis der Ethik als die »ins Grenzenlose erweiterte Verantwortung gegen alles, was lebt«[150]. Menschen, Tiere, Pflanzen, ja alle Lebewesen – ohne Ausnahme und mit grundsätzlich gleichen Ansprüchen – stellen uns vor all jene Aufgaben, die zu bewältigen wir in der Lage sind. Dazu gehört auch die Pflicht, immer neu zu prüfen, ob wir Moral und Ethik entwickelt haben, soweit wir das vermögen.

Hier die acht allgemeinen Regeln für die Ordnung unseres Daseins mit den Pflanzen und der Naturgemeinschaft überhaupt:

Unser Verhalten gegenüber den Pflanzen, ja Lebewesen überhaupt ist immer auch Verhalten gegenüber der Natur. Die moralischen Regeln im Zusammenhang mit den Pflanzen sind demnach immer auch moralische Regeln in der Natur und gegenüber der Natur. Als Inbegriff alles Seienden ist sie bestimmt durch Endlichkeit. Das schliesst Konkurrenz und Verdrängung ein: Was lebt, vermag dies nur so, dass es andere Lebewesen beeinträchtigt, nutzt, schädigt, zerstört. Zum Leben gehören das Vergehen und der Tod. Allerdings fallen damit unsere Einsichten und Verpflichtungen in der Natur, gegenüber Menschen wie nichthumanen Lebewesen, nicht einfach dahin. Sie müssen mit den angesprochenen natürlichen Bedingungen allen Daseins vermittelt werden. So gelangen wir zu einer Reihe von Regeln, die uns in Pflicht nehmen. Sie sind im Blick auf *Natur als unseren gemeinsamen Sinnhorizont* entworfen.

1. Was als Lebewesen – zum Beispiel als Pflanze – in dieser Welt ist, besitzt uns gegenüber ein Recht auf Dasein und Sosein, weil es zunächst unabhängig von unseren Wünschen und unserem Nutzen existiert. Wir haben jedem

187

natürlichen Wesen jene grösstmögliche Sicherheit des Daseins, des Soseins und der Entwicklung zu gewähren, die im Prinzip mit der gleichen Sicherheit aller anderen Lebewesen vereinbar ist.

2. Andere Lebewesen nur als Mittel aufzufassen, nicht auch als Wesen mit eigenem Wert, ist moralisch falsch. Der Umgang mit der Mitwelt, darin die Pflanzen, muss noch gegenüber dem Kleinsten und Geringsten von einer Achtung bestimmt sein, die sich in Umsicht, Zurückhaltung, aber auch im Verzicht äussert.

3. Eingriffe in Dasein und Sosein natürlicher Wesen sind für uns Menschen an die doppelte Voraussetzung der Unvermeidlichkeit und der Existenznotwendigkeit gebunden. Existenznotwendig sind Eingriffe dann, wenn sie einem für unser Dasein wesentlichen Bedürfnis entsprechen und weder vermieden noch ersetzt werden können. Was als wesentliches Bedürfnis gilt, muss immer neu ermittelt werden im Blick auf das, was auf dem Spiel steht, für Menschen auch unter Beachtung geschichtlicher Entwicklung.

4. Eingriffe in das Dasein und Sosein der Anderen lassen sich ethisch nur vertreten, wenn ihnen eine sorgfältige Abwägung aller betroffenen und erfassbaren inhärenten Werte vorausgegangen ist. Wo Eingriffe unerlässlich sind, haben sie den Prinzipien der Angemessenheit, des geringsten Übels und des Ausgleichs zu folgen.

5. Richtig ist prima facie, was der Erhaltung dessen dient, das natürlicherweise da ist. Doch Veränderungen sind nicht ausgeschlossen, ja oft genug zwingend. Als willkürlich herbeigeführte und wichtige Entwicklungen

bedürfen sie guter Gründe.[151] Moralisch falsch wäre, was dieser Regel zuwiderläuft.

6. Kein Individuum, keine Gruppe oder Körperschaft, keine Art hat das Recht, immer grössere Teile der Güter dieser Erde für sich und zu Lasten anderer Individuen und Gruppen – darunter eben auch die Pflanzen – zu beanspruchen. Fairness verlangt, dass wir uns der Mässigung und des Verzichts befleissigen. Moralisch fehlerhaft ist zum Beispiel eine auf uneingeschränkte Gewinnmaximierung ausgerichtete Perspektive. Dass gerade Menschen sehr oft entgegen dieser Regel handeln, macht die Regel umso gewichtiger.

7. Bevor wir in der Natur und hier auf die Pflanzen hin handeln, sollen wir uns auf sie besinnen, sie und ihr Umfeld sorgfältig ergründen, damit unser Handeln ihre Bedürfnisse und Möglichkeiten beachte, sich den in der Natur wirksamen Gesetzen anpasse. Auch an den Pflanzen muss unser Handeln sein Mass nehmen, nicht ausschliesslich an unseren Wünschen.[152]

8. Wo wir Pflanzen fördern können, sind wir im Hinblick auf die Achtung, die wir allen Lebewesen schulden, sowie auf unsere Eingriffsfähigkeit gehalten, tätig zu werden, immer freilich in den Grenzen unseres Vermögens und dessen, was uns vernünftigerweise zumutbar ist. Die Konzepte von Eigenwert und Würde verpflichten uns nicht nur, Beeinträchtigungen abzuwenden, sondern auch für günstige Bedingungen für das Dasein und die Entwicklung *im Prinzip aller Lebewesen, also auch der Pflanzen,* zu sorgen.

Anhang

Pflanzen neu entdecken:
Rheinauer Thesen zu Rechten von Pflanzen

Im Wissen darum, dass alle Lebewesen eine gemeinsame Herkunft haben,

in Erwägung, dass uns Pflanzen in ihrer Andersartigkeit letztlich immer ein Geheimnis bleiben werden,

im Bestreben, das Wesen der Pflanze tiefer zu ergründen und sie in ihrer Einzigartigkeit zu schützen,

formulieren wir die folgenden Thesen mit dem Ziel, die Pflanze um ihrer selbst willen zur Sprache zu bringen und Anspruchsrechte für sie geltend zu machen.

DIE PFLANZE

1. Pflanzen sind Lebewesen.

2. Pflanzen sind Tieren und Menschen verwandt. Alle haben wir unseren gemeinsamen Ursprung in einzelligen Lebewesen, die sich in einer fast drei Milliarden Jahre dauernden Evolution zu einer einzigartigen Vielfalt an Lebensformen differenziert haben.

3. Die gemeinsame Geschichte führt zu vielen Übereinstimmungen auf der Zellebene.

4. Doch Pflanzen sind zugleich anders als Tiere und Men-

schen. So sind sie etwa ortsgebunden und betreiben Photosynthese. Sie schaffen die Grundlage für die Ernährung von Tier und Mensch.

5. Wir dürfen nicht der Versuchung erliegen, sie zu vermenschlichen. Pflanzen sind auch keine ›langsamen‹ oder ›niedrigen‹ Tiere, sondern eine eigene Lebensform.

6. Wie alle Lebewesen reagieren Pflanzen auf ihre sich dauernd verändernde Umwelt. Sie kommunizieren miteinander und mit anderen Lebewesen, über und unter der Erde. Sie benützen dazu Duftstoffe und andere, vielfältige Signale. Ihr Wachstum und ihre Reaktionen auf die Umwelt sind keine ausschliesslich genetisch fixierten Reflexe. Pflanzen passen sich individuell an.

7. Über die Empfindungsfähigkeit von Pflanzen wissen wir noch sehr wenig. Zell- und Molekularbiologie liefern zwar Indizien, die eine Empfindungsfähigkeit möglich erscheinen lassen; komplette Indizienketten fehlen aber bisher. Zu behaupten, Pflanzen hätten kein Empfindungsvermögen und könnten keine Schmerzen verspüren, ist so spekulativ wie die gegenteilige Behauptung.

8. Weil wir nicht wissen, ob und wie Pflanzen Schmerzen empfinden, muss unser Umgang mit ihnen von Rücksicht geprägt sein.

9. Auch Pflanzen sind Individuen.

10. Pflanzen erleben die Welt auf ihre eigene Art. Sie haben ein Eigensein. Sie leben als ein Selbst. Dieses Selbst ist für uns schwer verständlich. Dennoch erfahren wir, dass es existiert. Wenn Pflanzen als gänzlich verfügbare Objekte betrachtet und behandelt werden, so wird man ihnen damit nicht gerecht.

11. Pflanzen sind standortgebunden. Sie stehen daher mit ihrer Umwelt in einer ganz anderen Beziehung als Tiere und Menschen. Sie können ihrer Umwelt nur sehr begrenzt ausweichen, fliehen können sie nicht.

12. Pflanzen sind sehr anpassungsfähig. Sie stehen in einem permanenten Austausch mit der Umwelt. Sie leben in einem dynamischen Netz von Beziehungen und Wechselwirkungen, die sie weit mehr beeinflussen können als etwa Tiere.

13. Offensichtlich zeichnen sich Pflanzen durch ein Hin- und Herpendeln zwischen einem Aufgehen in der Umwelt und einem Sichzurückziehen in sich selbst sowie durch ein rhythmisches Pulsieren in Jahreslauf und anderen zeitlichen Phasen aus. Sie zeichnen sich aus durch einzigartige Verbreitungsmöglichkeiten, die weite Distanzen und lange Zeiträume zu überwinden vermögen.

14. Es ist deshalb unsere Pflicht, der Umwelt, von der die Pflanzen so stark abhängen und bestimmt werden, Sorge zu tragen.

15. Dabei ist zu beachten, dass die Beziehungen zwischen Genen und Umwelt nicht eingleisig verlaufen. Umweltfaktoren können die Expression von Genen derart beeinflussen, dass neue Eigenschaften stabil vererbt werden, ohne DNA-Sequenzen zu verändern. Eine reduktionistische Sicht, die sich allein auf Gene konzentriert, ist fragwürdig. Dies mahnt zur Vorsicht bei der Züchtung.

PFLANZE UND MENSCH

16. Die menschliche Existenz hängt unmittelbar von Pflanzen ab. Viele Pflanzen können hingegen sehr gut ohne Menschen existieren.

17. Das Verhältnis zwischen Pflanzen und Menschen ist kulturell und historisch geprägt und daher, wie alles Kulturelle, für Veränderungen offen.

18. Pflanzen sind die Grundlage für unsere Ernährung. Insofern ist unsere Kultur von Pflanzen nicht zu trennen. Aus diesem Grund verdienen Pflanzen Achtung.

19. Für das emotionale Leben der Menschen sind Pflanzen wichtig. Ihr Duft, ihre Schönheit, ihre Hege und Pflege liegen uns am Herzen. Sie prägen unsere Gärten und Landschaften.

20. Wir müssen diese vielfältige Abhängigkeit und Verbundenheit der Menschen mit der Pflanzenwelt neu begreifen

lernen. In Alltag und Kunst hat dies bereits begonnen. Auf naturwissenschaftlicher Ebene ist vieles noch nachzuholen.

21. Welche Beziehungen wir mit Pflanzen eingehen, hat Bedeutung für unsere eigene Lebensweise. Wie wir mit Pflanzen umgehen, reflektiert unseren Umgang mit anderen Lebewesen und mit uns selbst. Der Wert, den wir Pflanzen zuweisen, hängt mit unserem Selbstentwurf zusammen.

22. Wenn wir Pflanzen als Maschinen wahrnehmen, so sagt dies etwas über uns, die Betrachtenden, aus, nicht über das Wesen der Pflanze. Diese Maschinensicht dehnt sich auf alle Lebewesen – auch auf den Menschen – aus.

23. Anders als beim Menschen fehlen im Umgang mit Pflanzen oft genug moralische Bedenken.

24. Wir können das Wesen der Pflanze naturwissenschaftlich nicht vollständig erfassen. Erkenntnistheoretisch gibt es Grenzen. Wir stehen der Pflanze als ins Unermessliche Forschende gegenüber.

25. Wenn wir der Pflanze als eigenständigem Wesen begegnen und uns auf sie einlassen, entwickeln wir Sensibilitäten und Fähigkeiten, die es uns erlauben, sie in ihrem Dasein tiefer zu verstehen. In ihr und durch sie erleben wir etwas Umfassendes.

26. Unseren Umgang mit Pflanzen sollten nicht nur naturwissenschaftliche Argumente bestimmen. Die Natur-

wissenschaften sind nur ein Erkenntnisweg unter anderen, trotz ihrer Bedeutung für moderne Gesellschaften. Er ist nicht von vornherein wichtiger als andere Erkenntniswege.

27. Unsere Beziehungen zu Pflanzen spielen sich auf verschiedenen Ebenen ab: auf der naturwissenschaftlichen, der geisteswissenschaftlichen, der künstlerischen, auf der spirituellen, der intuitiven, der religiösen, der emotionalen und auf der ästhetischen Ebene und natürlich auf der Ebene der Ernährung. Diesen und weiteren Wissenszugängen gegenüber gilt es offen zu sein.

28. Das neue Verständnis der Pflanze erfordert es, dass all diese Wissenszugänge anerkannt und genutzt werden.

29. Pflanzen haben eine enorme Flexibilität und können sich an sehr viele Manipulationen anpassen. Sie vermitteln uns auf den ersten Blick keine offensichtlichen Signale, wo die Grenzen ihrer Verletzbarkeit sind. Umso wichtiger ist, dass wir diese Grenzen gemeinsam finden. Nichtwissen verpflichtet.

Gestützt auf diese Thesen, gelangen wir vorerst zur folgenden Aufstellung von

ANSPRUCHSRECHTEN DER PFLANZE.

Wenn wir Pflanzen Anspruchsrechte zugestehen, dann heisst dies nicht, dass wir sie nicht mehr essen oder in anderer Weise verwenden dürfen. Sowenig wie die den Tieren zugestandenen Rechte bedeuten, sie grundsätzlich aus dem Ernährungskreislauf auszuschliessen. Es bedeutet vielmehr, dass wir ihr Eigensein respektieren und dass es auch im Umgang mit Pflanzen Grenzen gibt.

I. Recht auf Fortpflanzung
Methoden und Strategien, die eine Sterilität bewirken, erfordern moralische und ethische Rechtfertigung. Die Terminatortechnologie und weitere Methoden zur Herstellung von Sterilität mit dem ausschliesslichen Zweck, Pflanzen für die Maximierung von wirtschaftlichem Gewinn verfügbar zu machen, verstossen gegen dieses Recht.

II. Recht auf Eigenständigkeit
Pflanzen sind keine Sachen. Sie sollen nicht beliebig instrumentalisiert und kontrolliert werden. Ihre Eigenständigkeit ist zu berücksichtigen.

III. Recht auf Evolution
Evolution, im Speziellen die Anpassungsfähigkeit von Pflanzen an eine sich verändernde Umwelt, beruht auf genetischer Vielfalt. Wird diese eingeschränkt, beeinträchtigt dies auch die Fähigkeit, sich zu entwickeln. Deshalb ist heute neben dem Schutz der Artenvielfalt auch der Schutz der genetischen Vielfalt zu einer Verpflichtung geworden.

IV. Recht auf Überleben der eigenen Art
Der Schutz der vorhandenen Artenvielfalt und damit das Recht aller Pflanzenarten auf Überleben ergeben sich aus dem Wert der Biodiversität.

V. Recht auf respektvolle Forschung und Entwicklung

Dieses Recht erfordert, dass Forschung und Industrie in der Lage sein sollen, das Eigensein der Pflanze wahrzunehmen und ihm mit Achtung zu begegnen. Dies verlangt offene und interdisziplinäre Herangehensweisen. Es schliesst aus, dass Pflanzen als uneingeschränkt verfügbare Sachen gelten.

VI. Recht darauf, nicht patentiert zu werden

Pflanzen sind keine Erfindungen. Keine Pflanze verdankt ihre Existenz allein menschlichem Wirken. Patente auf Pflanzen sind deshalb nicht nur aus sozioökonomischen Gründen abzulehnen, sondern auch um der Pflanzen selbst willen.

Die hier genannten Anspruchsrechte sind von Menschen formuliert worden. Sie gelten daher nur, soweit sie im menschlichen Handeln beachtet beziehungsweise durch dieses beeinträchtigt werden können. Denn niemand kann über sein Vermögen hinaus zu etwas verpflichtet werden.

Autorinnen und Autoren

Florianne Koechlin, Projektinitiantin, Biologin, Blauen-Institut Münchenstein BL, Autorin von *PflanzenPalaver*

Daniel Ammann, PD Dr., Geschäftsleiter der Schweizerischen Arbeitsgruppe Gentechnologie SAG

Eva Gelinsky, Dr., wissenschaftliche Mitarbeiterin von Pro SpecieRara

Benny Haerlin, Leiter des Berliner Büros der Zukunfts-stiftung Landwirtschaft und der Kampagne »Save Our Seeds«

Martin Ott, Meisterlandwirt, Gut Rheinau (CH), Präsident Stiftungsrat FiBL (Forschungsinstitut für biologischen Landbau, Frick)

Beat Sitter-Liver, Prof. für praktische Philosophie, Universität Freiburg (CH)

Werner Stumpf, Dipl.-Ing., Institut für Garten-, Obst- und Weinbau der Universität für Bodenkultur Wien

Edgar Wagner, Pflanzenphysiologe, Prof. em., Albert-Ludwigs-Universität Freiburg im Breisgau (D)

Amadeus Zschunke, Dipl.-Ing. (FH) Gartenbau, Geschäftsführer Sativa Rheinau AG – ökologisches Pflanz- und Saatgut (CH)

Unter Mitwirkung von

Günter Altner, Prof. Dr. Dr. Dr. h.c., Biologe und Theologe, Berlin

Nikolai Fuchs, Leiter Sektion für Landwirtschaft, Freie Hochschule für Geisteswissenschaft am Goetheanum, Dornach (CH)

Andrea Heistinger, Dipl.-Ing., Büro Semina Kultur-Pflanzen-Konzepte, Schiltern (A)

Christian Hiss, Gärtnermeister, Eichstetten am Kaiserstuhl (D)

Markus Ritter, Biologe, Teilhaber Life Science AG, Basel

Jürg Stöcklin, Prof. Dr., Botanisches Institut der Universität Basel

Züchtung als »Gespräch«.
Rheinauer Thesen
zur Ökologischen Pflanzenzüchtung

Juni 2011

Auf der Grundlage der *Rheinauer Thesen zu Rechten von Pflanzen* aus dem Jahre 2008,

im Auftrag von Bio Suisse, aus ethischer Sicht den Begriff der Ökologischen Pflanzenzüchtung im Sinne der Thesen zu fassen, mit dem Ziel, den ökologischen Züchtern und der Bio Suisse eine Entscheidungsgrundlage zu liefern, die den ethischen Grundwerten des Biolandbaus entspricht,

um so in der Diskussion des Zusammenhangs von Würde der Pflanze und neuen Züchtungsverfahren und Techniken ethisch begründete Argumente zu gewinnen,

und damit eine Grundlage verfügbar ist, wie neue und zukünftige Techniken in der Definition des Biolandbaus abgelehnt oder erlaubt werden können,

formulieren wir die folgenden Rheinauer Thesen zur Ökologischen Pflanzenzüchtung unter dem Aspekt Züchtung als »Gespräch«.

1. Die Pflanze, unser »Gesprächspartner«

Pflanzen sind Lebewesen mit eigener Lebensform. Sie sind Tieren und Menschen verwandt und haben mit diesen einen gemeinsamen Ursprung.

Sie sind aber auch anders als Tiere und Menschen: Sie

haben ihre eigenen Ordnungen. Sie sind ortsgebunden und betreiben Photosynthese.

Pflanzen kommunizieren miteinander und mit anderen Lebewesen; sie lernen aus Erfahrungen und können sich erinnern. Sie passen sich individuell an eine sich ständig ändernde Umwelt an. Sie leben in einem dynamischen Netz von Beziehungen und Wechselwirkungen an ihrem konkreten Ort.

Pflanzen zeigen Erscheinungen eines »Soziallebens«, sie haben komplexe Beziehungen untereinander und zu anderen Lebewesen. Sie kooperieren miteinander, sie bilden Allianzen, konkurrieren und kämpfen gegeneinander.

Über die Empfindungsfähigkeit von Pflanzen wissen wir wenig. Zell- und Molekularbiologie liefern Indizien, die eine Empfindungsfähigkeit möglich erscheinen lassen; komplette Indizienketten fehlen aber bisher. Zu behaupten, Pflanzen hätten kein Empfindungsvermögen und könnten keine Schmerzen und keine Freude verspüren, ist so spekulativ wie die gegenteilige Behauptung.

Pflanzen sind also keine passiven »Bioautomaten« mit ausschliesslich genetisch fixierten Reflexen.

Im Gegenteil: Pflanzen erleben die Welt auf ihre eigene Art. Sie haben ein Eigensein. Dieses ist für uns schwer verständlich. Dennoch erfahren wir, dass es existiert.

Wir können das Wesen der Pflanzen naturwissenschaftlich nicht vollständig erfassen. Die Naturwissenschaften sind ein Erkenntnisweg unter anderen, trotz ihrer dominanten Bedeutung in modernen Gesellschaften. Es gibt noch weitere Wissenszugänge, die auch für die Züchtung eine Rolle spielen, z.B. intuitive, emotionale oder ästhetische.

2. Züchterin und Züchter
im »Gespräch« mit der Pflanze

Kulturpflanzen sind die Grundlage für unsere Ernährung. Unsere Kultur ist von Pflanzen nicht zu trennen. Züchtung als koevolutiver Prozess findet seit Tausenden von Jahren statt.

Züchtung als »Gespräch«: Ein »Dialog« mit Pflanzen – also ein gegenseitiges Aufeinandereingehen – stellt uns vor Schwierigkeiten, da Pflanzen so anders sind als wir.

Pflanze und Züchter interagieren im Züchtungsprozess. Die Züchter können ein persönliches Verhältnis zu den Pflanzen aufbauen. In deren Reaktionen beobachten sie, ob ihre Annahmen richtig und ob die gewünschten Veränderungen – unter Respektierung des Wesens der Pflanze – möglich sind. Um einen mehrjährigen Dialog mit der Pflanze geht es, nicht um einen Monolog des Züchters.

Züchtung bezieht genetische Erkenntnisse ein, bedeutet aber viel mehr als die Selektion geeigneter Gene, denn die Pflanze ist mehr als die Summe ihrer Gene.

Umweltfaktoren können Einfluss auf die genetische Ausstattung und damit auch auf die Züchtung haben. Eine reduktionistische Sicht der Züchtung, die sich allein auf Gene konzentriert, greift zu kurz.

Züchtung muss die örtlichen, zyklischen und generationenübergreifenden Dimensionen einer Pflanze einbeziehen.

Züchtung bedeutet auch: Entwicklung von Lebensgemeinschaften, wie zum Beispiel Wirt-Pathogen-Beziehungen, Boden-Mykorrhiza-Netze, Mischkulturen, Pflanzengemeinschaften und Pflanzen-Tier-Gemeinschaften.

Die Würde der Pflanze als solche ist keine unabhängig

gegebene Sache, sondern die Konsequenz menschlichen Verhaltens: Wir sprechen der Pflanze einen Eigenwert zu, unabhängig von menschlichen Interessen. Das bedingt, dass wir Verpflichtungen haben gegenüber Pflanzen und dass wir Grenzen setzen müssen gegen deren willkürliche und totale Instrumentalisierung.

Das Bioanbausystem muss hierbei als räumliche Grenze, die Integrität der Zelle als technische Grenze (keine Eingriffe unterhalb der Zellebene) und das Patentverbot als rechtliche Grenze anerkannt werden.

Die Ökologische Pflanzenzüchtung berücksichtigt diese Grenzen und verpflichtet sich, die Fortpflanzungsfähigkeit, die Eigenständigkeit und die Evolutionsfähigkeit der Kulturpflanzen zu wahren.

Analysen auf molekularer Ebene, für diagnostische Zwecke oder im Bereich der Grundlagenforschung, werden dadurch nicht eingeschränkt.

Die Ökologische Pflanzenzüchtung zeichnet sich durch eine Offenheit gegenüber der Pflanze, der Umwelt und ihrem kulturellen und sozialen Umfeld aus.

3. Züchtung als »Gespräch« im gesellschaftlichen Kontext

Um die Ökologische Pflanzenzüchtung unter dem formulierten Verständnis mittelfristig zur vollen Entfaltung zu bringen, bedarf es der folgenden gesellschaftlichen Anstrengungen:

– Die Ökologische Pflanzenzüchtung stellt sicher, dass die Züchtung wieder als gesamtgesellschaftliche Aufgabe wahrgenommen wird. Damit bildet sie ein Gegenge-

wicht zur fortschreitenden Monopolisierung des Saatgut-
bereichs.

– Die Ökologische Pflanzenzüchtung – als gesellschaft-
liche Aufgabe – benötigt eine breit abgestützte Finanzierung ihrer Arbeit. Daher muss die ganze Wertschöp-
fungskette sowohl am Züchtungsprozess als auch an
der Finanzierung beteiligt werden: Bauern, Verarbeiter,
Handel, Konsumenten und der Staat.

– Die Ökologische Pflanzenzüchtung bezieht das Erfah-
rungswissen und die Experimentierfreudigkeit der Bäuerinnen und Bauern ein.

– Die Ökologische Pflanzenzüchtung erzeugt authentische
Produkte, die den Konsumenten besonderen Geschmack
und Genuss bieten.

– Die Ökologische Pflanzenzüchtung verpflichtet sich, die
Entwicklung des Biolandbaus zu fördern.

– Die Ökologische Pflanzenzüchtung sorgt für Transpa-
renz und Offenheit. Es muss erklärt werden, was getan
wird – und warum dies so und nicht anders geschieht.

– Die Ökologische Pflanzenzüchtung gewährt einen freien
und ungehinderten Austausch von Züchtungsmaterial.

– Die Ökologische Pflanzenzüchtung bedarf der Unterstützung der Wissenschaft: Es ist noch viel empirische, interdisziplinäre und partizipative Forschung notwendig, um
die gegenwärtigen und zukünftigen Herausforderungen
bewältigen zu können.

Empfehlungen an Bio Suisse

1. Bio Suisse sorgt dafür, dass die Ergebnisse der Ökologischen Pflanzenzüchtung in der Praxis genutzt werden;

die Ökologische Pflanzenzüchtung soll zum Standard werden.

2. Bio Suisse kommuniziert die Anliegen und Ziele der Ökologischen Pflanzenzüchtung aktiv – nach innen und aussen.

3. Bio Suisse sorgt dafür, dass die Sortenvielfalt auf Betriebsebene erhöht wird.

4. Bio Suisse unterstützt die Ökologische Pflanzenzüchtung auch finanziell und hilft mit, deren langfristige Finanzierung zu sichern.

5. Bio Suisse setzt sich dafür ein, dass die offiziellen Sortenzulassungsverfahren die spezifischen Anforderungen der Ökologischen Pflanzenzüchtung berücksichtigen.

6. Bio Suisse definiert Leitlinien der Ökologischen Pflanzenzüchtung und passt gegebenenfalls das Regelwerk an.

Autorinnen und Autoren

Florianne Koechlin, Projektinitiantin, Biologin, Blauen-Institut Münchenstein BL, Autorin von *PflanzenPalaver*

Daniel Ammann, PD Dr., Geschäftsleiter der Schweizerischen Arbeitsgruppe Gentechnologie SAG

Eva Gelinsky, Dr., wissenschaftliche Mitarbeiterin bei Pro SpecieRara und Mitarbeiterin bei der Interessengemeinschaft für gentechnikfreie Saatgutarbeit (IG Saatgut)

Benny Haerlin, Leiter des Berliner Büros der Zukunftsstiftung Landwirtschaft und der Kampagne »Save Our Seeds«

Peter Kunz, Geschäftsführung und Leitung des Vereins Getreidezüchtung Peter Kunz

Monika Messmer, Dr., Pflanzenzüchtung für ökologischen Landbau am FiBL (Forschungsinstitut für biologischen Landbau, Frick)

Martin Ott, Meisterlandwirt, Gut Rheinau (CH), Präsident Stiftungsrat FiBL (Forschungsinstitut für biologischen Landbau, Frick)

Beat Sitter-Liver, Prof. für praktische Philosophie, Universität Freiburg (CH)

Renatus Ziegler, Dr., wissenschaftlicher Mitarbeiter am Institut Hiscia im Verein für Krebsforschung, Arlesheim

Amadeus Zschunke, Dipl.-Ing. (FH) Gartenbau, Geschäftsführer Sativa Rheinau AG – ökologisches Pflanz- und Saatgut

Unter Mitwirkung von

Niklaus Bollinger, Geschäftsführer des Vereins zur Förderung der Forschung auf dem Gebiet des biologisch-dynamischen Obstbaus Poma Culta

Lucius Tamm, Dr., Fachgruppenleiter Pflanzenschutz und Biodiversität FiBL (Forschungsinstitut für biologischen Landbau, Frick)

Anmerkungen

1   Redman R. S. et al. 2011.

2   Mit anderen Pilzen bilden Pflanzenwurzeln ein dichtes Geflecht, das sogenannte Mykorrhizanetz (siehe auch S. 30–32).

3   Manchmal ist es auch eine Ménage-à-trois, die zum Überleben im Boden notwendig ist: Ein tropisches Guineagras zum Beispiel wächst auf sehr warmen Böden – doch nur zusammen mit bestimmten Pilzen und Viren. Erst diese symbiotische Dreierbeziehung ermöglicht die grosse Hitzetoleranz. Wurde der Pilz von den Viren befreit, kamen weder Pilz noch Gras mit der Hitze zurecht. Márquez L. M. et al. 2007.

4   Die Mitbewohner im Wurzelbereich umfassen neben den Pilzen viele andere nützliche Kleinstlebewesen, wie zum Beispiel Bakterien. So können Rhizobien (Knöllchenbakterien) Stickstoff aus der Luft in Stickstoffverbindungen umwandeln, die Pflanzen gebrauchen können. Das machen sich Leguminosen (Hülsenfrüchte) zunutze. Sie bilden in ihren Wurzeln Knöllchen, in denen sie Rhizobien beherbergen, die ihrerseits die Pflanzen mit Stickstoff versorgen. Weitere Bakterien im Wurzelbereich helfen den Pflanzen, indem sie deren Wachstum anregen, deren Abwehrkräfte stärken, Schädlinge abwehren oder sie vor Umweltstress schützen. Das Wissen um solch nützliche Kleinstlebewesen eröffnet neue Perspektiven für eine Landwirtschaft von morgen. Natürlich gibt es im Boden auch zahlreiche Krankheitserreger, Frassfeinde und Konkurrenten: ein ständiges Geben und Nehmen, Kooperation und Konkurrenz, Fressen und Gefressenwerden (siehe auch S. 34–36). de Zelicourt A. et al. 2013.

5   Gemeint ist hier die ständige Bereitschaft und Fähigkeit, das Ganze (die Pflanze) aus einem Teil (die Zelle) aufbauen zu können. Diese Fähigkeit der Pflanzenzelle bildet auch die Basis des Respekts und damit eine Grenze der selbstverständlichen Verfügbarkeit in der Definition der ökologischen Pflanzenzüchtung, die vorderhand keine technischen Eingriffe in die Zelle selbst zulassen will (siehe *Rheinauer Thesen II,* S. 204–210).

6   Schwer zersetzliche Rückstände aus der Humifizierung (Verwe-
     sung im Boden) tierischer oder pflanzlicher Überreste.
7   Dittmer H. J. 1937.
8   Siehe Koechlin F. 2008, S. 39–48.
9   Die Duftstoffe, die Pflanzen zur Kommunikation benutzen, las-
     sen sich drei grossen Klassen chemischer Verbindungen zuordnen:
     Terpene, Acetogenine und aromatische Verbindungen. Dabei bil-
     den die Terpene die grösste Gruppe. Siehe Schulze B. et al. 2006.
10   Interview mit Günther Witzany: Koechlin F. 2008, S. 49–53.
11   Zum Beispiel Baluška F. und Mancuso S. 2013 sowie Farmer E. et
     al. 2013.
12   Karban R. et al. 2014.
13   Amo L. et al. 2013.
14   Witzany G. 2006.
15   Pflanzliches Hormon, das ein breites Wirkungsspektrum auf-
     weist. Es kann das Wachstum von Pflanzen behindern, Frassfeinde
     abwehren oder die Bildung pflanzlicher Inhaltsstoffe anregen.
16   Günther Witzany zu Pflanzenkommunikation (nach Koechlin F.
     2008, S. 49–53): Für jede Kommunikation braucht es drei Arten
     von Regelebenen. Die erste Regel bestimmt den Satzbau (Syntax).
     Dabei geht es um die korrekte Reihenfolge der Zeichen, darum,
     wie die Zeichen richtig miteinander kombiniert werden. Beim
     Gebrauch von Buchstaben wird das sofort einsichtig: »Wasser«
     verstehen wir, »Waerss« hingegen nicht, weil die Reihenfolge
     der Buchstaben falsch ist. Bei der pragmatischen Regel spielt die
     unmittelbare Umgebung eines Individuums, seine konkrete Le-
     benssituation, eine Rolle. Was ein Signal bedeutet, hängt immer
     auch von der Situation ab, in der es gebraucht wird. Das gleiche
     Signal kann in unterschiedlicher Umgebung anderes bedeuten.
     Auf der dritten Regelebene der Kommunikation geht es um die
     Semantik, um die Bedeutung der Zeichen: Was ist der Sinn ei-
     nes bestimmten Zeichens? Was bedeutet es für einen Zeichen-
     interpreten? Die Buchstabenreihenfolge w-a-s-s-e-r wird durch
     die Syntax festgelegt. Dank der Semantik wissen wir: Das bedeu-
     tet Wasser, die Flüssigkeit im Glas vor mir. Die Tomatenpflanze
     kann dank semantischen Regeln interpretieren, dass der Duftstoff
     (das Zeichen) Methyljasmonat drohende Raupeninvasion bedeu-
     tet. »Kommunikation«, sagt der Sprachwissenschaftler Günther
     Witzany, »ist keine mechanische Angelegenheit, in dem Sinne,

dass auf jedes Zeichen die richtige Antwort da ist, wie ein Schlüssel, der genau in das dafür vorgesehene Schlüsselloch passt. Das funktioniert nicht. Wer Kommunikation so erklärt, berücksichtigt nur die erste Ebene, die Grammatik also. Doch die zwei anderen Ebenen sind immer mitbeteiligt. Wie findet die Pflanze das richtige Zeichen, wie erfasst sie dessen Sinn? Kommunikationsprozesse bedingen, dass die Partner sich ›zuhören‹, dass sie ›antworten‹ und ihre Aktivitäten koordinieren.« Kommunikation ist eine Form sozialen Handelns. Ohne Gemeinschaft geht das nicht. Die Verwendung von Duftvokabeln, Zeichen, Codes, Regeln oder Sprachen ist keine Fähigkeit, die ein Einzelindividuum entwickeln oder verwenden kann. Sie kann nur als Kompetenz eines Gemeinschaftsgeschehens erworben werden.

17 Falik O. et al. 2011.

18 Arzt V. 2012.

19 Schwere Waldmaschinen sind eine Gefahr für das WWW. Ein fruchtbarer Waldboden enthält viele luft- und wasserführende Hohlräume, in denen sich die Mykorrhizen ausbreiten und unzählige Kleinstlebewesen leben können. Doch die immer schwereren Holzerntemaschinen verdichten den Boden massiv. Hohlräume werden zusammengepresst, die Vernetzung der Poren zerstört, der Luftaustausch weitgehend unterbunden. Mykorrhizen verschwinden dort fast ganz. An ihre Stelle treten Fäulnisbakterien, die das Baumwachstum hemmen. Die grössten Schäden konnten nach sechs bis zwölf Monaten beobachtet werden. Forscher schätzen, dass es Jahrzehnte, wenn nicht gar Jahrhunderte dauern kann, bis sich der Boden wieder ganz erholt hat. Vgl. Eidgenössische Forschungsanstalt für Wald, Schnee und Landschaft WSL 2013.

20 Walder F. et al. 2012.

21 Fruchtbare Böden zeichnen sich dadurch aus, dass sie viele Lebewesen, viel organische Substanz, viel Humus enthalten. Ihr Verlust ist eines der grössten Probleme der Landwirtschaft weltweit. In den letzten 150 Jahren gingen in landwirtschaftlich genutzten Böden 50 bis 80 Prozent des organisch gebundenen Kohlenstoffs in Oberböden verloren. Jedes Jahr verschwinden rund 24 Milliarden Tonnen Erde durch Erosion. Wir können es uns schlicht nicht mehr leisten, so verschwenderisch mit fruchtbaren Böden umzugehen. Wir brauchen landwirtschaftliche Praktiken, die Böden verbessern, unterirdische Lebensgemeinschaften fördern und die

Ansprüche von Mykorrhizanetzen zu erfüllen versuchen. Auch der Ökolandbau ist in dieser Hinsicht erst am Anfang (Hülsbergen K.-J. 2012).

22 Disteln, Butterblumen und Klee sind vielseitige Networker: Die gemeinhin als »Unkraut« bezeichneten Pflanzen sind besonders gut mit anderen Pflanzen und vielen Tieren vernetzt. Mehr als andere Pflanzen spielen sie für zahlreiche Nahrungsnetzwerke eine zentrale Rolle. Der Verlust einer dieser Pflanzen hat Auswirkungen auf das gesamte Ökosystem; besonders betroffen sind Schmetterlinge und Bienen.

23 Barto E. K. et al. 2011.

24 Bidartondo M. I. et al. 2002.

25 www.savoryinstitute.com.

26 McIntire E. J. B. und Fajardo A. 2014.

27 Biedrzycki M. L. et al. 2010.

28 Interview mit Susan Dudley: Koechlin F. und Battaglia D. 2012, S. 25–33.

29 Einige Pflanzen kümmern sich auch über das Mykorrhizanetz (siehe auch S. 30–32) um ihre Verwandten. So fördert Traubenkraut *(Ambrosia artemisiifolia)* sein Wurzelpilznetz besonders dann, wenn es erkennt, dass in der Nachbarschaft nahe Verwandte wachsen. Siehe File A. L. et al. 2012.

30 Broz A. K. et al. 2010.

31 Die Originalfassung ist als Scan zu lesen unter http://bibliothek. bbaw.de/quellendigital/lamettrie/metr_hommplante_fr_1748/index.html.

32 Offray de La Mettrie J. 1748, S. 40f. (deutsch: Plechanow G. [1897/1898]. Bernstein und der Materialismus. Die Neue Zeit, 16, 2, 44, S. 545–555, Zitat S. 550. www.marxists.org/deutsch/archiv/plechanow/1898/bernmat/text.htm).

33 Ebd., S. 36 (deutsch von Daniel Ammann).

34 Ebd., S. 41 (deutsch von Daniel Ammann).

35 »Ich behaupte demnach: die transzendentalen Ideen sind niemals von konstitutivem Gebrauche, so, dass dadurch Begriffe gewisser Gegenstände gegeben würden, und in dem Falle, dass man sie so versteht, so sind es bloss vernünftelnde (dialektische) Begriffe. Dagegen aber haben sie einen vortrefflichen und unentbehrlichnotwendigen regulativen Gebrauch, nämlich den Verstand zu einem gewissen Ziele zu richten (...)« (Kant I. 1956, S. 565).

36   Schlemm A. 1998.

37   Schelling F. W. J. 1797, S. LXIV.

38   Schrödinger E. 1989.

39   Die Gesamtheit der Gene eines Individuums (Erbgut). Jede Zelle eines Organismus verfügt in ihrem Zellkern über die komplette Erbinformation.

40   Pennisi E. 2005.

41   Lander E. S. et al. 2001.

42   Nukleotid: Molekül, das als Grundbaustein von Nukleinsäuren (DNA und RNA) fungiert und auch im genetischen Code verwendet wird.

43   Die *deoxyribonucleic acid* DNA (Desoxyribonukleinsäure DNS) ist ein Molekül innerhalb der Zelle, das die genetische Information trägt und sie von einer Generation an die nächste weitergibt – also das Molekül, das die genetische Information in der Zelle codiert. Es wird aus vier Basen (Adenin, Guanin, Cytosin und Thymin) gebildet, die jeweils an ein Zuckermolekül (Desoxyribose) und an einen Phosphatrest gebunden sind. Innerhalb des Moleküls sind die vier Basen in unterschiedlicher Abfolge vertreten. Komplementäre Basen bilden Basenpaare, aus denen wiederum die Doppelhelix gebildet wird. Die Nukleotidsequenz ist für ein Gen, das ein bestimmtes Protein codiert, charakteristisch.

44   Ecker J. R. et al. 2012.

45   Lupski J. R. 2013.

46   Stencel A. und Crespi B. 2013.

47   Bickmore W. A. und van Steensel B. 2013.

48   Turner B.

49   Smith Z. D. und Meissner A. 2013.

50   Rivera C. M. und Ren B. 2013.

51   Abkürzung für *ribonucleic acid* (Ribonukleinsäure RNS). Wichtige Substanz für die Umsetzung der Erbinformation. Der Unterschied zur DNA besteht darin, dass die RNA nicht als Doppelhelix, sondern als einzelner Strang vorkommt. Ihre Aufgabe besteht darin, die in der DNA gespeicherte Information zu transportieren und zu übersetzen. Sie beeinflusst auch die Genaktivität.

52   Proteinfabrik. Bestandteil in Zellen, wo die Proteinsynthese stattfindet. Im Ribosom wird die Erbinformation von der RNA in die Aminosäuresequenz des codierten Proteins übertragen.

53   www.epigenome.org.

54 Mann T. 1991, S. 368–393. Für eine Textpassage siehe auch www. mj-arte.ch/mj-texte/L/leben.html.

55 Waterland R. A. und Jirtle R. L. 2003.

56 Weiteres Beispiel: Malcolm Campbell und seine Gruppe zogen genetisch identische Pappeln (Klone) in verschiedenen Regionen Kanadas auf. Dann gewannen die Forscher Stecklinge dieser Bäume und zogen sie unter identischen, klimakontrollierten Bedingungen in Toronto auf: die eine Hälfte unter Dürrebedingungen, die andere erhielt viel Wasser. Erwartet worden war, dass alle Bäume gleich gut wuchsen, unabhängig davon, woher sie kamen. Doch das war nicht der Fall: Je nach Herkunftsort reagierten sie sehr unterschiedlich. Das Team hatte Unterschiede bis hin zur genetischen Ebene – in der Expression bestimmter Gene – gefunden: Bäume, die in Alberta aufwuchsen, gebrauchten ein anderes Set von Genen, um auf Dürre zu reagieren, als Bäume aus Saskatchewan. »Unsere Arbeit zeigt, dass es in Bäumen eine Art ›molekulares Gedächtnis‹ an persönlichen Erfahrungen gibt, das Einfluss darauf hat, wie der einzelne Baum auf die Umwelt reagiert«, schreibt Malcolm Campbell (Raj S. et al. 2011). Dieses Gedächtnis verdankt die Pflanze der Epigenetik.

57 Rasmann S. et al. 2012.

58 Eine Erinnerung wird vererbt: Ein Experiment mit Labormäusen brachte 2013 neue Erkenntnisse darüber, wie Erinnerungen vererbt werden können. Eine Gruppe um Brian G. Dias von der Emory University School of Medicine, Atlanta, versprühte in einem Käfig mit Labormäusen einen Duft von Kirschblüten. Gleichzeitig versetzte sie den Mäusen einen leichten elektrischen Schock. Die Mäuse lernten bald, diesen nach Kirschblüten riechenden Duftstoff Acetophenon mit Schmerzen zu verbinden: Sie wurden kribblig, wann immer sie Kirschblütenduft rochen, auch in Abwesenheit elektrischer Schläge. Interessant war, dass auch ihre Kinder und sogar ihre Grosskinder beim Duft von Kirschblüten nervös wurden, obwohl sie nie elektrischen Schocks ausgesetzt waren. Offenbar hatten sie die angstvolle Erinnerung an diesen Geruch von ihren Eltern resp. Grosseltern geerbt. Praktisch alle bisherigen Experimente mit einer epigenetischen Vererbung konnten nicht auf die molekulare Basis zurückverfolgt werden, da viele verschiedene Gene im Spiel waren. Hier war es anders: Wenn unsere Nase das Duftstoffmolekül Acetophenon empfängt,

bindet sich dieses Molekül an einen speziellen Rezeptor im Gehirn. Dann riechen wir den Kirschblütenduft. Das Gen, das die Bauanleitung für diesen Rezeptor enthält, ist bekannt. Die Forscher fanden heraus, dass dieses Gen bei den Mäusen, die Kirschblütenduft mit Schmerzen verbanden, – und auch bei deren Kindern und Grosskindern – epigenetische Marker (also »Post-its«) enthielten, die den Genen von Kontrolltieren fehlten. Wie nun aber die ängstliche Erinnerung an den Schmerz ihren Weg vom Gehirn in die Spermien oder Eizellen (und damit auf spätere Generationen) findet, ist noch ein Rätsel. Eventuell spielen da kleine RNA-Moleküle – sog. microRNA (siehe auch S. 108–110) – oder andere epigenetische Vorgänge eine Rolle. Dias B. G. und Ressler K. J. 2014.

59   Referenzen zu allen Beispielen in: Rasmann S. et al. 2012.

60   Tricker P. J. et al. 2013.

61   Ein Beispiel epigenetischer Vererbung über sehr viele Generationen hinweg: Leinkraut-Pflanzen bilden manchmal eine auffallende Blütengestalt. Das hatte vor fast 250 Jahren der schwedische Botaniker Carl von Linné beschrieben. Er nannte dieses Leinkraut *Peloria,* griechisch für »Monster«. Heute weiss man, dass die aussergewöhnliche Blütengestalt bei einigen Leinkräutern epigenetisch bedingt ist. Methylgruppen haben sich an bestimmte Gene angehängt und diese »stumm geschaltet«; diese ausgeschalteten Gene wurden von Generation zu Generation vererbt. Der Auslöser dieser Modifikation ist aber nach wie vor ein Rätsel.

62   Galloway L. F. und Etterson J. R. 2007.

63   Arendt H. 2006. Zitat aus einer Originalaufnahme.

64   Descartes R. 1986. Descartes R. 2001.

65   Ein schönes Beispiel für eine beobachtende, teilnehmende Forschung ist im Fragment »›Die Reispflanze war meine Lehrerin‹« beschrieben (S. 82–84). Ein Beispiel dafür, wie die Erkenntnisse der modernen Agrarforschung eine in die Natur eingreifende Praxis ausgelöst haben, ist im Fragment »Wie Landwirte über Pflanzen denken« (S. 77–81) beschrieben.

66   Arendt H. 2003.

67   Hobbes T. 1966.

68   Oder in Descartes' Worten, die berühmt wurden: »Ich denke, also bin ich« (*Je pense, donc je suis),* dem ein »Ich zweifle, also bin ich« (*Je doute, donc je suis)* vorausgeht.

69 Noch heute ziehen Wissenschaftler die Uhr als Metapher heran, um zu erklären, wie wir das Leben zu verstehen vermögen. Demnach kann man das Leben ebenso erkennen, wie man die Funktion einer von einem Uhrmacher hergestellten Uhr begreifen kann. So sagte der Schweizer Manager und Nuclear Engineer Hans Widmer in einem Interview auf die Frage, was zu tun sei, damit eine Gesellschaft friedlich zusammenlebe: »Die grundlegende Arbeit besteht im Erwerb von Erkenntnis: So wie der Uhrmacher verstehen muss, wie eine Uhr funktioniert, so sollten wir Menschen verstehen, wie Leben und der Mensch, insbesondere sein Denken, das sich all die Erkenntnis zurechtlegt, funktionieren.« Widmer publizierte 2013 mit *Grundzüge der deduktiven Physik. Fundament für die grossen Theorien der Physik* ein Buch, mit dem er sich, wie sein Verlag schreibt, »nichts Geringeres vorgenommen hat, als ein umfassendes Erklärungsmodell der Welt vorzulegen« (Rüffer A. 2013, S. 18f.).

70 Ein Beispiel dafür, wie auch heute die reine Logik die sinnlichen Wahrnehmungen und damit die Wirklichkeit ignoriert, ist am Schluss dieses Textes unter dem Titel »Nichts als die reine Logik« beschrieben.

71 Arendt H. 2003, S. 372.

72 Ebd., S. 294, 376.

73 Ebd., S. 304.

74 Ebd., S. 294.

75 Carruthers P. 1989.

76 Arendt H. 2003, S. 360.

77 In der Schweiz werden gut 37 000 Hektaren Gerste angebaut, davon entfallen 35 000 Hektaren auf die Wintergerste. Der Anteil der Wintergerste, die ohne chemische Hilfsmittel (bio) angebaut wird, beträgt etwa 4 bis 6 Prozent. Ein Landwirt kann sich heute (2013) in der Schweiz ohne finanzielle Nachteile zwischen ökologischem (Demeter und Bio Suisse Knospe), teilweise ökologischem (IP Extenso) oder intensiverem konventionellem (ÖLN) Anbau entscheiden. Die Umstellung auf die auch volkswirtschaftlich sinnvollere, weil weniger öffentliche Nebenkosten verursachende ökologische Produktionsweise wird zunehmend auch staatlich gefördert. Trotzdem stellen jährlich nur wenige Betriebe auf Biolandwirtschaft um. An vielen landwirtschaftlichen Bildungszentren werden inzwischen Vergleiche zwischen

diesen Anbausystemen gemacht und ausgewertet. Eine langjährige und gründliche Studie wurde so auch auf dem Betrieb Burgrain des Berufsbildungszentrums Natur und Ernährung BBZN Schüpfheim in Alberswil durchgeführt. Dort wurden die drei unterschiedlich intensiven Anbausysteme während achtzehn Jahren unter Praxisbedingungen bezüglich Wirtschaftlichkeit sowie ökologischen und agronomischen Auswirkungen verglichen. Die Wirtschaftlichkeit für den Bauern war bei Biogerste etwa doppelt so hoch wie bei der konventionell angebauten Gerste, trotz Minderertrag von rund 30 Prozent und mehr Handarbeit durch Blackenstechen.

78 Grossenbacher D. 2013.

79 Es gibt zwei- und vierzeilige Gerstensorten. Durch intensive Züchtung wird versucht, zusätzliche Körner in die Ähren zu bekommen. Problem: In den engen Zwischenräumen kann keine Luft mehr zirkulieren, und es kommt vermehrt zu Pilzwachstum. So müssen dort zum Teil bis kurz vor der Ernte Fungizide (Pilzgifte) eingebracht werden.

80 Als Druck wird die Konkurrenz eines Unkrauts auf die Nutzpflanze beschrieben, hier der Klebern. Dies ist der bäuerlich-schweizerische Name des Kletten-Labkrauts *(Galium aparine)*, das als Volksarzneipflanze, Wildgemüse und in der Homöopathie verwendet wird. Die grösste Bedeutung hat es als Ackerunkraut. Die Schadwirkung beruht auf der Konkurrenz um Bodenstickstoff und Licht, da das Labkraut die Getreidebestände überwuchert. Gegen chemische Bekämpfung ist es relativ widerstandsfähig, selbst stark geschädigte Pflanzen regenerieren sich und bilden Samen. Darum müssen gegen das Kletten-Labkraut spezifisch wirkende, zum Teil umstrittene und umweltproblematische Wirkstoffe eingesetzt werden, wie Fluroxypyr, Mecoprop-P, Florasulam oder Amidosulfuron.

81 Fahnenblatt nennt der Landwirt das oberste Blatt des wachsenden Getreides. Der Schutz des Fahnenblattes vor Krankheiten und Frassschädlingen ist für den Ertrag entscheidend, da es durch seine Stellung zum Licht am meisten Sonnenenergie aufnehmen kann. Zusätzlich kann seine frei stehende Oberfläche als Eingangspforte für Spritzmittel benutzt werden, die in den Pflanzensaft eindringen (sogenannt systemisch wirkende) und so allfällige Schädlinge von innen heraus bekämpfen können. Die Fahnenblattbehand-

lung hat darum eine hohe Priorität und wird später durch die Ährenbehandlung abgelöst.

82 Synthetisch hergestellte Strobilurine haben als Fungizidwirkstoffe im Pflanzenschutz grosse Bedeutung erlangt. Ihr Name ist von den Pilzen der Gattung *Strobilurus* (Zapfenrüblinge) abgeleitet. Behandlungen mit Strobilurinen führen bei Pflanzen, insbesondere Getreide, zu einer intensiveren Grünfärbung der Blätter. Man bezeichnet das als Greening- oder Grüneffekt.

83 Das Wachstum der Getreidepflanzen wird in der Praxis in genau abgegrenzte sogenannte Entwicklungsstadien eingeteilt. In der Begleitung der Pflanze durch ihren Wachstumsprozess braucht es diese genau erkennbaren Zeitpunkte für die Anwendung spezifisch wirkender Spritzmittel. Solche Stadien sind zum Beispiel: Stadium 19 = erstes Blatt entfaltet, Blattspitzen des nächsten Blattes sichtbar; Stadium 30 = Haupttriebe beginnen sich zu strecken; Stadium 31 = 1-Knoten-Stadium; Stadium 37 = Erscheinen des letzten Blattes (Fahnenblatt), letztes Blatt noch eingerollt; Stadium 51 = Beginn Rispenschieben; Stadium 65 = Mitte der Blüte; Stadium 71 = Beginn Kornbildung, Korninhalt wässrig; Stadium 89 = vollreife Körner, hart, kaum zu brechen usw.

84 Unter Verkürzen verstehen die Landwirte den Einsatz von Wachstumsregulatoren. Sie enthalten meist den Wirkstoff Chlorcholinchlorid (CCC). Auf Getreide wirkt CCC halmverkürzend und gefässwandverstärkend, so dass die Stabilität der Pflanze gegen Wind und Niederschlag erhöht wird. Die Ausbringung auf Getreidefeldern erfolgt vorzugsweise im Frühjahr. CCC ist seit 1967 in Früchten, Korn, Stroh und Mehl nachweisbar und beeinträchtigt möglicherweise die Fruchtbarkeit von Wiederkäuern sowie Pferden oder Kaninchen, gilt als genotoxisch und stört die neuromuskuläre Erregungsleitung, wirkt aber nach bisheriger Forschung nicht karzinogen. Im Obst- und Gemüseanbau ist es nicht mehr zugelassen, findet aber im Getreideanbau weltweit weiter Verwendung.

85 Bei Pflanzensorten, die aus immer gleichen definierten Inzuchtlinien zusammengesetzt sind, spricht man von Hybridsorten. Hybride haben den Vorteil, über die genetisch unterschiedlichen Eltern mit einem breiteren Repertoire verschiedener genetischer Informationen ausgestattet zu sein, wodurch sich die sogenannte Heterosis (Bastardwüchsigkeit) erklären lässt. Dieser Heterosis-

Effekt lässt Pflanzen grösser und widerstandsfähiger werden und wird daher in der Landwirtschaft bei vielen Kulturpflanzen ausgenutzt. Bei fast allen Gemüsesorten sowie Mais oder Zuckerrüben werden weltweit fast ausschliesslich Hybridsorten angebaut. Ein zusätzlicher Nutzen der Hybridsorten begünstigt vor allem die Interessen der Saatgutindustrie: Diese gemischten Sorten müssen jährlich neu von der Industrie produziert und dann von Landwirten als teureres Saatgut neu eingekauft werden, da die Samen dieser Pflanzen nicht mehr die gleiche Pflanze entstehen lassen. Dadurch führt der Einsatz von Hybridsorten zu grossen Abhängigkeiten und Monopolen. Die Biolandwirte fordern darum wieder vermehrt sogenannte samenfeste Sorten, die von den Bauern selbst vermehrt und so laufend regional angepasst werden können.

86   Liniensorten sind Züchtungen, die durch Selbstbefruchtung (durch den eigenen Pollen befruchtet) in einer sogenannten Linienzüchtung erzeugt werden (Population mit definierten Merkmalen, deren Beständigkeit durch Auslese weiter erhalten bleibt). Im Gegensatz zu Hybridsorten können diese vom Landwirt selbst vermehrt werden. Liniensorten sind immer noch üblich bei Getreiden wie Weizen und Gerste.

87   Bestockung nennt man die Bildung von Seitensprossen an den untersten oberirdischen Stängelgliedern. Bei Getreide entwickeln sich bei ungehinderter Belichtung aus in der Bodenoberfläche befindlichen Halmknoten weitere Sprosse, Seitentriebe, die sich weiterhin verdreifachen und bei grosser Bestockungsleistung zu vielen Sprossen vervielfältigen. Je besser das Getreide bestockt, umso sicherer wird es überwintern und desto mehr Halme kann es dann im Frühling ausbilden. Zu starke Bestockung führt aber wiederum zu Schimmelanfälligkeit durch zu dichten Bewuchs. Dies nennt man dann Auswintern.

88   Latham J. 2012.

89   Uphoff N. 2012.

90   Vergleichsstudien in acht Entwicklungsländern ergaben: Im Durchschnitt konnten Bauern ihre Erträge um 47 Prozent erhöhen, gleichzeitig 40 Prozent Wasser einsparen, ihre Kosten für Agrochemie (Dünger, Herbizide, Pestizide) um 23 Prozent reduzieren und ihr Einkommen um 68 Prozent erhöhen. Bereits vierzig Länder profitieren vom System of Rice Intensification. Mit Unterstützung der Weltbank haben Bauern im indischen Staat Tamil

Nadu die SRI-Methoden auf über 600 000 Hektaren angewandt und damit durchschnittlich 40 Prozent Wasser eingespart.

91 Koechlin F. und Battaglia D. 2012, S. 184–186.

92 »Paracelsus wollte zum Ursprung des Wissens, er war auf der Suche nach einer Quelle unverfälschter Wahrheit. Er fand sie schliesslich in der Natur selbst. Für ihn war sie das eigentliche Mysterium. Aus ihrem Schoss entstanden sämtliche Arzneien, also musste sie auch den wahren Schlüssel zur Arznei kennen. Er fand sie in der Zeichensprache der Natur, der Signaturenlehre« (Rippe O. und Madejsky M. 2006, S. 69).

93 Kalbermatten R. 2002, S. 25.

94 Zitronensäure und Zitronenöl wirken antibakteriell und desinfizierend. Der hohe Vitamin-C-Gehalt des Saftes unterstützt das Immunsystem. Die Flavonoide im Saft und in der Schale stärken das antioxidative Schutzpotential der Zellen. Zudem deutet vieles darauf hin, dass Limonen (Hauptbestandteil des Zitrusöls in der Schale) die Krebsentwicklung hemmt.

95 Zitronensäure wirkt appetitanregend.

96 Das Erfrischende/Belebende selbst hilft konzentrieren und präsent sein. Das Zitronenöl der Aussenschale wird als Aromaöl in Duftlampen für die Konzentrationssteigerung eingesetzt.

97 Photonen: Bausteine elektromagnetischer Strahlung, quasi Lichtteilchen (Licht, Röntgenstrahlen, Gammastrahlen usw.). Durch sie wird der Teilchencharakter des Lichts beschrieben. Alle bewegten Elementarteilchen einschliesslich der Photonen besitzen auch Welleneigenschaften. Die Ruhemasse der Photonen ist gleich null. Photonen bewegen sich mit Lichtgeschwindigkeit.

98 Popp F.-A. 1984.

99 Elektromagnetische Wellen in Zellen und Zellverbänden, die sich in der Emission ultraschwacher Photonenstrahlung äussern. Die Erscheinung zeigt sich bei allen Lebewesen. Die Intensitäten im optischen Spektralbereich (Wellenlängen von 200 bis etwa 800 Nanometer) liegen in der Grössenordnung einiger bis einiger Hundert Photonen pro Sekunde und pro Quadratzentimeter Austrittsfläche.

100 Popp F.-A. 1993.

101 Adenosintriphosphat.

102 Nicotinsäureamid-Adenin-Dinucleotid-Phosphat in reduzierter Form.

103 Schrödinger E. 1946, S. 113.

104 Adaptiert nach Tekki 2006.

105 Zhang L. et al. 2012.

106 *Low-density lipoprotein* (Lipoprotein niederer Dichte). Bestandteil des Blutes, der wasserunlösliche Substanzen wie Cholesterin sowie fettlösliche Vitamine (z.B. Vitamin A und Vitamin E) im Blutplasma transportiert.

107 Witwer K. W. et al. 2013.

108 Dickinson B. et al. 2013.

109 Witwer K. W. und Hirschi K. D. 2014.

110 Chen X. et al. 2013.

111 2008 startete in der EU und den USA je ein Grossprojekt zur Untersuchung der mikrobiellen Vielfalt des Menschen.

112 Cotillard A. et al. 2013.

113 Koechlin F. und Battaglia D. 2012, S. 13–23.

114 Gagliano M. et al. 2012.

115 Birringer M. und Ristow M. 2012.

116 Schmeißer S. et al. 2013.

117 Jacobs Jr D. R. et al. 2009.

118 In der Stadt, fernab von Monokulturen und grossflächigem Pestizideinsatz, profitieren die Bienenvölker von der urbanen Biodiversität und einem von Frühling bis Herbst vorhandenen Nektarangebot. »Heute sind Städte eine Überlebensinsel für Pflanzen und werden so zu Biodiversitätsinseln. Mit zunehmender Verstädterung hat sich für viele wärmeliebende Pflanzen in den Asphalt- und Betonwüsten zwischen den Häusermeeren ein günstiges Mikroklima gebildet« (Storl W.-D. 2012, S. 51). Entgegen der verbreiteten Meinung, dass auf dem Land eine grössere Artenvielfalt herrsche, sind brachliegende Bahnanlagen und extensiv gepflegte Grünflächen rund um öffentliche Gebäude, Parkanlagen und private Gärten mit mehr als 80 Wildarten pro Hektar relativ reichhaltig. Im Gegensatz zu den bis an den Strassenrand gemähten, mit Herbiziden, Pestiziden und Fungiziden gespritzten und sonst wie malträtierten Agrarzonen, wo vielen Wildpflanzen und Tieren die Lebensgrundlagen entzogen werden, erweisen sich Teile der Städte als echte Überlebensinseln und Rückzugsgebiete für Flora und Kleinfauna (Schulte W. 1984, S. 10). Der StadtHonig ist deshalb reich an verschiedensten Pollen, und dies macht ihn besonders wertvoll. Rund 80 Prozent der Weltbevölkerung leben

heute in Städten. Mit seiner Dunstglocke, den wärmespeichernden dunklen Asphaltflächen und mit Gemäuern, die vor Wind schützen und sich bei Sonneneinstrahlung leichter aufheizen, begünstigt der urbane Lebensraum jene Pflanzenarten, die natürlicherweise weiter im Süden leben würden. Im Stadtzentrum kann die Tagestemperatur um bis zu zehn Grad Celsius höher liegen als im nichtbebauten Umland; auch die Jahresmitteltemperatur kann um bis zu zwei Grad höher sein (Schulte W. 1984, S. 7).

119 Im Frühling 2012 untersuchte das Gesundheitsdepartement des Kantons Basel-Stadt verschiedene Honigproben aus dem Stadtgebiet auf ihren Schwermetallgehalt. Auch eine Probe des Stadt-Honigs aus dem Schützenmattquartier wurde miteinbezogen. Die ermittelten Werte aus der Stadt waren im Vergleich zum Honig vom Land unauffällig und fielen nicht höher aus. Vgl. www.urban-agriculturebasel.ch/Documents/20120809-Honigprobe.pdf.

120 Buber M. 1973, S. 10–12.

121 von Goethe J. W. 1790.

122 Peat F. D. 2008.

123 Pollan M. 2001/2002.

124 Palmer T. M. et al. 2008.

125 Vgl. Storl W.-D. 2012, S. 47.

126 »Mit dem planmässigen Aufbau der Forstwirtschaft entstanden durch grossflächigen Kahlschlag und synchrone Aufforstung produktive Wirtschaftswälder. Anstelle naturnaher Laubmischwälder traten in Europa seit dem 19. Jahrhundert vielfach standortfremde forstliche Monokulturen« (Bresinsky A. et al. 2008, S. 1032).

127 »Die Haupteinflussgrössen sind:
   – Entnahme von Biomasse – selektiv oder flächig (sukzessive Veränderung des Ökosystems),
   – Umgestaltung des Ökosystems: Wald (Rodung) zu Savanne, Weide,
   – Invasion exotischer Pflanzen, Tiere und Mikroben,
   – Fernwirkungen von Luftschadstoffen, Überernährung (CO_2, NO_x), Klimaveränderung,
   – planmässiger Anbau von Nutzpflanzen (Ackerbau, Forstplantagen),
   – Ersatz der Biosphäre durch stark bodenversiegelnde Anthroposphäre (Siedlungen, Verkehrsflächen, Industrieflächen)«
(Bresinsky A. et al. 2008, S. 1030).

128 Storl W.-D. 2012, S. 57.

129 Brockmann-Jerosch H. 1921.

130 Ovid 2010, S. 451–453.

131 Böhme G. und Böhme H. 2004.

132 Jonas H. 1984, S. 246.

133 Für die Entstehung, Entwicklung und Bedeutung des Wortes »Würde« vgl. neben diversen Wörterbüchern für unseren Zusammenhang vor allem Teutsch G. M. 1995.

134 Sitter-Liver B. 1984, S. 46, Anm. 15. Sitter-Liver B. 1994, S. 150.

135 Teutsch G. M. 1995, S. 36.

136 Dieser Abschnitt und später einige andere Stellen decken sich mit Überlegungen, die für die *Rheinauer Thesen I* (siehe S. 195–203) und, etwas zurückhaltender, für die *Rheinauer Thesen II* (siehe S. 204–210) massgebend sind. Vgl. wenige Beispiele: »Eine Pflanze ist Kommunikation«; »Die Pflanze ist ein Subjekt«; »Pflanzengenome beinhalten Ungeahntes«; »Die Pflanze ist Umstülpung«; »Die Pflanze sorgt für die lebensnotwendige Ordnung«; »Pflanzen als Kunstpartner«.

137 Kant I. 1956, S. 325.

138 Teutsch G. M. 1985, S. 47.

139 Neuhäusler A. 1963, S. 21 (zitiert nach Teutsch G. M. 1985, S. 48).

140 Teutsch G. M. 1985, S. 47.

141 So Schweitzer A. 1974, Bd. 5, S. 167ff.

142 Stöcklin J. 2007.

143 Als Beispiele: »Die Pflanze ist Standort«; »Eine Pflanze ist Kommunikation«; »Kommunikation oder Signalaustausch?«; »Die Pflanze ist Beziehung«; »Die Pflanze ist Umstülpung«; »Pflanzengenome beinhalten Ungeahntes«; »Die Pflanze speichert Licht und liefert es an Lebewesen«.

144 Maise F. 2008.

145 Rippe K. P. 2008.

146 Schweitzer A. 1990, S. 340.

147 Shafy S. 2008.

148 Siehe auch Günter Altner in Koechlin F. und Battaglia D. 2012, S. 184–186.

149 Schweitzer A. 1990, S. 331.

150 Ebd., S. 332.

151 Gute Gründe werden unter vernünftigen Wesen nicht diktiert,

sondern in möglichst freier Verständigung unter allen Betroffenen ausgehandelt. Als prinzipielle Norm ist dieser u.a. in der Diskursethik zentrale Satz kaum mit Erfolg zu bestreiten.

152 »Wo keine Natur ist, ist auch kein Leben; nicht allein, weil Leben der Natur bedarf, sondern weil Leben in Wahrheit Natur ist. Insofern wäre aber auch die ursprüngliche Idee einer Einheit von Natur und Leben, dergemäss Orientierungen des Lebens auch über die Natur vermittelt werden, Natur als Inbegriff dessen begriffen wird, was wir sind, keineswegs so schrecklich archaisch und abgelegt, wie dies technischen Kulturen auf den ersten Blick erscheint. Diese Sache wird durch einen allein wissenschaftlichen und haushälterischen Umgang mit der Natur oder auch durch die Vorstellung, dass Natur an uns lediglich das ist, was wir als Bedürfniswesen nicht beherrschen können, verstellt. Sie ist jedoch für ein Verständnis unseres Lebens im ganzen unverzichtbar« (Mittelstraß J. 1987, S. 60).

Literatur

Amo L., Jansen J. J., van Dam N. M., Dicke M. und Visser M. E. (2013). Birds exploit herbivore-induced plant volatiles to locate herbivorous prey. Ecology Letters, 16, 11, S. 1348–1355.

Arendt H. (2003). Vita activa oder vom tätigen Leben. München, Zürich: Piper.

Arendt H. (2006). Von Wahrheit und Politik 2. Natur und Geschichte. München: Der Hörverlag.

Arzt V. (2012). Das Giftgrün. GEO, 12, S. 116–130.

Baluška F. und Mancuso S. (2013). Ion channels in plants. From bioelectricity, via signaling, to behavioral actions. Plant Signaling & Behavior, 8, 1, e23009.

Barto E. K., Hilker M., Müller F., Mohney B. K., Weidenhamer J. D. und Rillig M. C. (2011). The Fungal Fast Lane. Common Mycorrhizal Networks Extend Bioactive Zones of Allelochemicals in Soils. PLoS ONE, 6, 11, e27195.

Bickmore W. A. und van Steensel B. (2013). Genome Architecture. Domain Organization of Interphase Chromosomes. Cell, 152, 6, S. 1270–1284.

Bidartondo M. I., Redecker D., Hijri I., Wiemken A., Bruns T. D., Domínguez L., Sérsic A., Leake J. R. und Read D. J. (2002). Epiparasitic plants specialized on arbuscular mycorrhizal fungi. Nature, 419, S. 389–392.

Biedrzycki M. L., Jilany T. A., Dudley S. A. und Bais H. P. (2010). Root exudates mediate kin recognition in plants. Communicative & Integrative Biology, 3, 1, S. 28–35.

Birringer M. und Ristow M. (2012). Effektivität und Risiken der Supplementierung mit Antioxidanzien (Teil 2). Ernährungs-Umschau, 03/12, S. 142–146.

Böhme G. und Böhme H. (2004). Feuer, Wasser, Erde, Luft. Eine Kulturgeschichte der Elemente. München: Beck.

Bresinsky A., Körner C., Kadereit J. W., Neuhaus G. und Sonnewald U. (Hg.) (2008). Strasburger – Lehrbuch der Botanik. Heidelberg: Spektrum.

Brockmann-Jerosch H. (1921). Surampfele und Surchrut. Ein Rest aus der Sammelstelle der Ureinwohner der Schweizeralpen. Neujahrs-blatt der Naturforschenden Gesellschaft in Zürich auf das Jahr 1921. Zürich: Beer & Co.

Broz A. K., Broeckling C. D., De-la-Peña C., Lewis M. R., Greene E., Callaway R. M., Sumner L. W. und Vivanco J. M. (2010). Plant neighbor identity influences plant biochemistry and physiology related to defense. BMC Plant Biology, 10, 115.

Buber M. (1973). Das dialogische Prinzip. Heidelberg: Schneider.

Carruthers P. (1989). Brute Experience. The Journal of Philosophy, 86, 5, S. 258–269.

Chen X., Zen K. und Zhang C.-Y. (2013). Reply to Lack of detectable oral bioavailability of plant microRNAs after feeding in mice. Nature Biotechnology, 31, S. 967–969.

Cotillard A., Kennedy S. P., Kong L. C. et al. (2013). Dietary intervention impact on gut microbial gene richness. Nature, 500, S. 585–588.

Descartes R. (1986). Meditationes de prima philosophia. Stuttgart: Reclam.

Descartes R. (2001). Discours de la méthode pour bien conduire sa raison et chercher la vérité dans les sciences. Stuttgart: Reclam.

Dias B. G. und Ressler K. J. (2014). Parental olfactory experience influences behavior and neural structure in subsequent generations. Nature Neuroscience, 17, S. 89–96.

Dickinson B., Zhang Y., Petrick J. S., Heck G., Ivashuta S. und Marshall W. S. (2013). Lack of detectable oral bioavailability of plant microRNAs after feeding in mice. Nature Biotechnology, 31, S. 965–967.

Dittmer H. J. (1937). A Quantitative Study of the Roots and Root Hairs of a Winter Rye Plant *(Secale cereale)*. American Journal of Botany, 24, 7, S. 417–420.

Ecker J. R., Bickmore W. A., Barroso I., Pritchard J. K., Gilad Y. und Segal E. (2012). Genomics: ENCODE explained. Nature, 489, S. 52–55.

Eidgenössische Forschungsanstalt für Wald, Schnee und Landschaft WSL (2013). Wie schwere Forstmaschinen das Leben im Waldboden verändern. www.wsl.ch/medien/news/Bodenverdichtung/index_DE.

Falik O., Mordoch Y., Quansah L., Fait A. und Novoplansky A. (2011). Rumor Has It …: Relay Communication of Stress Cues in Plants. PLoS ONE, 6, 11, e23625.

Farmer E., Mousavi S. und Lenglet A. (2013). Leaf numbering for experiments on long distance signalling in *Arabidopsis*. Protocol Exchange, doi: 10.1038/protex.2013.071.

File A. L., Klironomos J., Maherali H. und Dudley S. A. (2012). Plant Kin Recognition Enhances Abundance of Symbiotic Microbial Partner. PLoS ONE, 7, 9, e45648.

Gagliano M., Renton M., Duvdevani N., Timmins M. und Mancuso S. (2012). Acoustic and magnetic communication in plants. Is it possible? Plant Signaling & Behavior, 7, 10, S. 1346–1348.

Galloway L. F. und Etterson J. R. (2007). Transgenerational Plasticity Is Adaptive in the Wild. Science, 318, S. 1134–1136.

von Goethe J. W. (1790). Versuch die Metamorphose der Pflanzen zu erklären. Gotha: Ettinger.

Grossenbacher D. (2013). Anbaugespräche (1/6): Gerste. Gerste wurde dieses Jahr oft zu stark verkürzt. Schweizer Bauer, 13.11.2013, S. 18.

Hobbes T. (1966). Leviathan oder Stoff, Form und Gewalt eines bürgerlichen und kirchlichen Staates. Neuwied, Berlin: Luchterhand.

Hülsbergen K.-J. (2012). Die Bedeutung der Humusreproduktion von Böden für den langfristigen Boden- und Klimaschutz. München: Technische Universität. www.llh-hessen.de/downloads/allgemein/vortragsarchiv/2012/01-januar/land-und-forstwirtschaft/03_Huelsbergen%20-%20Bedeutung_Humusproduktion_fuer_Boden-_u_Klimaschutz.pdf.

Jacobs Jr D. R., Gross M. D. und Tapsell L. C. (2009). Food synergy: an operational concept for understanding nutrition. The American Journal of Clinical Nutrition, 89, 5, S. 1543S–1548S.

Jonas H. (1984). Das Prinzip Verantwortung. Versuch einer Ethik für die technologische Zivilisation. Frankfurt am Main: Insel.

Kalbermatten R. (2002). Wesen und Signatur der Heilpflanzen. Die Gestalt als Schlüssel zur Heilkraft der Pflanzen. Aarau: AT.

Kant I. (1956). Werke in sechs Bänden. Band 2: Kritik der reinen Vernunft. Wiesbaden: Insel.

Karban R., Yang L. H. und Edwards K. F. (2014). Volatile communication between plants that affects herbivory: a meta-analsyis. Ecology Letters, 17, 1, S. 44–52.

Koechlin F. (2008). PflanzenPalaver. Belauschte Geheimnisse der botanischen Welt. Basel: Lenos.

Koechlin F. und Battaglia D. (2012). Mozart und die List der Hirse. Natur neu denken. Basel: Lenos.

Lander E. S., Linton L. M., Birren B. et al. (2001). Human Genome. Initial sequencing and analysis of the human genome. Nature, 409, S. 860–921.

Latham J. (2012). How Millions of Farmers are Advancing Agriculture For Themselves. Independent Science News, 3.12.2012.

Lupski J. R. (2013). Genome Mosaicism – One Human, Multiple Genomes. Science, 341, 6144, S. 358–359.

Maise F. (2008). aufbruch, 160, 1.10.2008.

Mann T. (1991). Der Zauberberg. Frankfurt am Main: Fischer Taschenbuch.

Márquez L. M., Redman R. S., Rodriguez R. J. und Roossinck M. J. (2007). A Virus in a Fungus in a Plant: Three-Way Symbiosis Required for Thermal Tolerance. Science, 315, 5811, S. 513–515.

McIntire E. J. B. und Fajardo A. (2014). Facilitation as a ubiquitous driver of biodiversity. New Phytologist, 201, 2, S. 403–416.

Mittelstraß J. (1987). Leben mit der Natur. Über die Geschichte der Natur in der Geschichte der Philosophie und über die Verantwortung des Menschen gegenüber der Natur. In: Schwemmer O. (Hg.). Über Natur. Philosophische Beiträge zum Naturverständnis. Frankfurt am Main: Klostermann, S. 37–62.

Neuhäusler A. (1963). Grundbegriffe der philosophischen Sprache. München: Ehrenwirth.

Offray de La Mettrie J. (1748). L'Homme-Plante. Potsdam: Voss.

Ovid (2010). Metamorphosen. Übersetzt und herausgegeben von Michael von Albrecht. Stuttgart: Reclam.

Palmer T. M., Stanton M. L., Young T. P., Goheen J. R., Pringle R. M. und Karban R. (2008). Breakdown of an Ant-Plant Mutualism Follows the Loss of Large Herbivores from an African Savanna. Science, 319, 5860, S. 192–195.

Peat F. D. (2008). Trapped in a World View. New Scientist, 197, 2637, S. 42–43.

Pennisi E. (2005). Why Do Humans Have So Few Genes? Science, 309, 5731, S. 80.

Pollan M. (2001). The Botany of Desire. A Plant's Eye View of the World. New York: Random House. Deutsch: (2002). Die Botanik der Begierde. Vier Pflanzen betrachten die Welt. München: Claassen.

Popp F.-A. (1984). Biologie des Lichts. Grundlagen der ultraschwachen Zellstrahlung. Berlin, Hamburg: Parey.

Popp F.-A. (1993). Die Botschaft der Nahrung. Unsere Lebensmittel in neuer Sicht. Frankfurt am Main: Fischer Taschenbuch.

Raj S., Bräutigam K., Hamanishi E. T., Wilkins O., Thomas B. R., Schroeder W., Mansfield S. D., Plant A. L. und Campbell M. M. (2011). Clone history shapes *Populus* drought responses. PNAS, doi: 10.1073/pnas.1103341108.

Rasmann S., De Vos M., Casteel C. L., Tian D., Halitschke R., Sun J. Y., Agrawal A. A., Felton G. W. und Jander G. (2012). Herbivory in the Previous Generation Primes Plants for Enhanced Insect Resistance. Plant Physiology, 158, 2, S. 854–863.

Redman R. S., Kim Y. O., Woodward C. J. D. A., Greer C., Espino L., Doty S. L. und Rodriguez R. J. (2011). Increased Fitness of Rice Plants to Abiotic Stress Via Habitat Adapted Symbiosis. A Strategy for Mitigating Impacts of Climate Change. PLoS ONE, 6, 7, e14823.

Rippe K. P. (2008). Ethik im ausserhumanen Bereich. Paderborn: mentis.

Rippe O. und Madejsky M. (2006). Die Kräuterkunde des Paracelsus. Therapie mit Heilpflanzen nach abendländischer Tradition. Baden, München: AT.

Rivera C. M. und Ren B. (2013). Mapping Human Epigenomes. Cell, 155, 1, S. 39–55.

Rüffer A. (2013). Der Anfang des Kreises. Interview mit Hans Widmer. Einsichten, 1, S. 18–23. www.ruefferundrub.ch/e-books/verlags-magazin/download/429/178/66.

Schelling F. W. J. (1797). Ideen zu einer Philosophie der Natur. Leipzig: Breitkopf und Härtel.

Schlemm A. (1998). Dialektik in der Natur und ihren Wissenschaften? www.thur.de/philo/ddn.htm.

Schmeißer S., Ristow M. und Birringer M. (2013). Special: Aktuelle Neubewertungen der Rolle reaktiver Sauerstoffspezies (ROS). Ernährungs-Umschau, 09/13, S. 162–167.

Schrödinger E. (1946). Was ist Leben? Die lebende Zelle mit den Augen des Physikers betrachtet. Bern: Francke.

Schrödinger E. (1989). Geist und Materie. Zürich: Diogenes.

Schulte W. (1984). Lebensraum Stadt. Pflanzen und Tiere nach Farbfotos bestimmen. München, Wien, Zürich: BLV.

Schulze B., Kost C., Arimura G.-I. und Boland W. (2006). Duftstoffe: Die Sprache der Pflanzen. Signalrezeption, Biosynthese und Ökologie. Chemie in unserer Zeit, 40, 6, S. 366–377.

Schweitzer A. (1974). Gesammelte Werke in fünf Bänden. München: Beck.

Schweitzer A. (1990). Kultur und Ethik. München: Beck.

Shafy S. (2008). Club der Würdenträger. Der Spiegel, 26, S. 141.

Sitter-Liver B. (1984). Plädoyer für das Naturrechtsdenken. Zur Anerkennung von Eigenrechten der Natur (Zeitschrift für schweizerisches Recht, Beiheft 3). Basel: Helbing & Lichtenhahn.

Sitter-Liver B. (1994). Natur als Polis. Vertragstheorie als Weg zu ökologischer Gerechtigkeit. In: Koch H.-J. et al. (Hg.). Theorien der Gerechtigkeit (Archiv für Rechts- und Sozialphilosophie, Beiheft 56). Stuttgart: Steiner, S. 139–162.

Smith Z. D. und Meissner A. (2013). DNA methylation: roles in mammalian development. Nature Reviews Genetics, 14, 3, S. 204–220.

Stencel A. und Crespi B. (2013). What is a genome? Molecular Ecology, 22, 13, S. 3437–3443.

Stöcklin J. (2007). Die Pflanze. Moderne Konzepte der Biologie (Beiträge zur Ethik und Biotechnologie, 2). Herausgegeben von der Eidgenössischen Ethikkommission für die Biotechnologie im Ausserhumanbereich EKAH und Ariane Willemsen. Bern: Bundesamt für Bauten und Logistik.

Storl W.-D. (2012). Wandernde Pflanzen. Neophyten, die stillen Eroberer – Ethnobotanik, Heilkunde und Anwendungen. Aarau, München: AT.

Tekki (2006). Entropie in offenen Systemen. In: ders. Ein Platz am Bohrturm. www.tekki.ch/texte/bohrturm/node5.html.

Teutsch G. M. (1985). Lexikon der Umweltethik. Göttingen: Vandenhoeck & Ruprecht; Düsseldorf: Patmos.

Teutsch G. M. (1995). Die »Würde der Kreatur«. Erläuterungen zu einem neuen Verfassungsbegriff am Beispiel des Tieres. Bern, Stuttgart, Wien: Haupt.

Tricker P. J., Rodríguez López C. M., Hadley P., Wagstaff C. und Wilkinson M. J. (2013). Pre-conditioning the epigenetic response to high vapor pressure deficit increases the drought tolerance of *Arabidopsis thaliana*. Plant Signaling & Behavior, 8, 10, e25974.

Turner B. Was ist Epigenetik? http://epigenome.eu/de/1,1,0.

Uphoff N. (2012). The System of Rice Intensification (SRI) and Beyond: Coping with Climate Change. Report presented at World Bank, Washington DC, October 10, 2012.

Walder F., Niemann H., Natarajan M., Lehmann M. F., Boller T. und

Wiemken A. (2012). Mycorrhizal Networks: Common Goods of Plants Shared under Unequal Terms of Trade. Plant Physiology, 159, 2, S. 789–797.

Waterland R. A. und Jirtle R. L. (2003). Transposable Elements: Targets for Early Nutritional Effects on Epigenetic Gene Regulation. Molecular and Cellular Biology, 23, 15, S. 5293–5300.

Widmer H. (2013). Grundzüge der deduktiven Physik. Fundament für die grossen Theorien der Physik. Zürich: rüffer & rub.

Witwer K. W. und Hirschi K. D. (2014). Transfer and functional consequences of dietary microRNAs in vertebrates: Concepts in search of corroboration. BioEssays, 36, 4, S. 394–406.

Witwer K. W., McAlexander M. A., Queen S. E. und Adams R. J. (2013). Real-time quantitative PCR and droplet digital PCR for plant miRNAs in mammalian blood provide little evidence for general uptake of dietary miRNAs: Limited evidence for general uptake of dietary plant xenomiRs. RNA Biology, 10, 7, S. 1080–1086.

Witzany G. (2006). Plant Communication from Biosemiotic Perspective. Plant Signaling & Behavior, 1, 4, S. 169–178.

de Zelicourt A., Al-Yousif M. und Hirt H. (2013). Rhizosphere Microbes as Essential Partners for Plant Stress Tolerance. Molecular Plant, doi: 10.1093/mp/sst028.

Zhang L., Hou D., Chen X. et al. (2012). Exogenous plant MIR168a specifically targets mammalian LDLRAP1: evidence of cross-kingdom regulation by microRNA. Cell Research, 22, S. 107–126.

Autorinnen und Autoren

Daniel Ammann (* 1947)
studierte Chemie an der ETH Zürich. 1986 Habilitation (Lehrgebiet Zellbiologie). 1975–1987 Forschungstätigkeit an der ETH Zürich (110 wissenschaftliche Publikationen). 1986–2013 Lehraufträge an der ETH Zürich (Intrazelluläre Mikrosensorik, Umwelt I–VI, Gesellschaftlicher Umgang mit aktuellen Umweltrisiken, Kunst und Naturwissenschaft). 1990–2012 Geschäftsleiter der Schweizerischen Arbeitsgruppe Gentechnologie SAG. 1996–2008 Mitglied der Eidgenössischen Fachkommission für biologische Sicherheit EFBS. Ab 2003 eigene Beratungsfirma.

Denise Battaglia (* 1971)
ist wissenschaftliche Mitarbeiterin am Interdisziplinären Institut für Ethik im Gesundheitswesen Dialog Ethik in Zürich und freie Journalistin. Sie studierte Philosophie an der Universität Basel und ist mit Florianne Koechlin Autorin von *Mozart und die List der Hirse. Natur neu denken* (2012). Mit Ruth Baumann-Hölzle hat sie das Buch *Gutes Leben – gutes Sterben* (2013) herausgegeben. www.dialog-ethik.ch.

Gertrud Fassbind (* 1963)
ist Ernährungsberaterin. Nach ihrer Ausbildung an der Schule für Ernährungsberatung am Inselspital Bern setzte sie sich mit der Chinesischen Medizin, insbesondere mit deren Ernährungslehre, auseinander, später auch mit anderen Konzepten der Naturheilkunde. In ihrer Arbeit vernetzt sie die verschiedenen Vorstellungen zu einer ganzheitlicheren Sichtweise. Sie ist Inhaberin der Firma ESSKUNST in Baden, bietet Einzelberatungen sowie Vorträge/Workshops an und ist als Dozentin an verschiedenen Schulen tätig. www.esskunst.ch.

Bastiaan Frich (* 1987)
ist Mitbegründer und Vorstandsmitglied von Urban AgriCulture Netz Basel und Permakultur Schweiz, Initiant diverser Projekte wie des Permakultur-Gemeinschaftsgartens Landhof, der UniGärten Basel, der Lebensmittel Gemeinschaft Basel und der Permakultur-Regiogruppe Basel. Der Permakultur-Designer und Biologe i.A. engagiert sich für

die Förderung langlebiger Ökosysteme in der Stadt und in der Landwirtschaft. Ausserdem ist er an der Bildung regionaler und internationaler Allianzen aktiv beteiligt. www.urbanagriculturebasel.ch.

Thomas Gröbly (* 1958)
ist gelernter Landwirt und Theologe. Master of Advanced Studies in Applied Ethics MAE. Er ist Dozent für Ethik an der Fachhochschule Nordwestschweiz – Hochschule für Technik und der Berner Fachhochschule – Hochschule für Agrar-, Forst- und Lebensmittelwissenschaften, zusammen mit Hans Ruh Autor von *Die Zukunft ist ethisch – oder gar nicht. Wege zu einer gelingenden Gesellschaft* (2006), Herausgeber von *Hunger nach Gerechtigkeit. Perspektiven zur Überwindung der Armut* (2011) und zusammen mit Klaus J. Stöhlker Autor von *Hat die Wirtschaft ein Gewissen? Ein Streitgespräch über Ethik und Markt* (2014). Themenschwerpunkte: Ethik in Wirtschaft, Umwelt, Landwirtschaft, Ernährung und Nord-Süd-Fragen. Er ist Inhaber des ethik-labors. www.ethik-labor.ch.

Florianne Koechlin (* 1948)
ist Biologin und Autorin. Sie befasst sich mit neuen Erkenntnissen über Pflanzen und andere Lebewesen (insbesondere Pflanzenkommunikation und Beziehungsnetze) sowie mit zukunftsfähigen Konzepten in der Landwirtschaft und den dazu nötigen Forschungsstrategien. Weitere Arbeitsschwerpunkte bilden die kritische Beurteilung von Agrogentechnik und die Zusammenarbeit mit Nichtregierungsorganisationen in der Schweiz und in Europa. Autorin von u.a. *Zellgeflüster. Streifzüge durch wissenschaftliches Neuland* (2005), *PflanzenPalaver. Belauschte Geheimnisse der botanischen Welt* (2008) und, zusammen mit Denise Battaglia, *Mozart und die List der Hirse. Natur neu denken* (2012). www.blauen-institut.ch.

Martin Ott (* 1955)
ist Primarlehrer und Meisterlandwirt und hat landwirtschaftliche und sozialtherapeutische Projekte in Bäretswil und Rheinau mit aufgebaut. Er ist Geschäftsführer des Vereins Gen Au Rheinau, der sich für die Förderung der ökologischen Pflanzenzüchtung einsetzt, Koleiter der neugegründeten biodynamischen Landwirtschaftsschule in Rheinau und Stiftungsratspräsident des Forschungsinstituts für biologischen Landbau in Frick FiBL. Der ehemalige Zürcher Kantonsrat und Gemeinderat von Bäretswil ist auch Autor des Buches *Kühe verstehen. Eine neue Partnerschaft beginnt* (2011). www.fintan.ch.

Beat Sitter-Liver (* 1939)
bis 2006 Professor für Praktische Philosophie an der Universität Freiburg. 2003 Dr. ès sciences sociales h.c. (Lausanne). Lehre an der ETH Zürich, den Universitäten Bern, Luzern und Basel. Gastprofessor an der Ludwig-Maximilians-Universität München. 1972–2002 Generalsekretär der Schweizerischen Akademie der Geistes- und Sozialwissenschaften SAGW, bis 1990 auch jener der Naturwissenschaften SANW. Mitglied des Schweizerischen Wissenschafts- und Technologierates SWTR (1975–1986) und verschiedener Ethikkommissionen, so der Eidgenössischen Ethikkommission für die Biotechnologie im Ausserhumanbereich EKAH (1998–2011). www.sitter-liver.ch.

Beatrix Sitter-Liver (* 1938)
lebt und arbeitet als bildende Künstlerin in Bern. Ihr künstlerisches Schaffen zeichnet sich durch eine grosse Vielfalt der Themen, Vorgehensweisen und Techniken aus. Es reicht von Textilkunst über stark naturbezogene Experimente bis zu grossräumigen Installationen im öffentlichen Raum. Seit 1990 entstehen umfangreiche Werkserien in Zeichnung und Ölmalerei, die sich alle dem übergreifenden Thema »Leben« – vom Nervengeflecht bis zu den Galaxien – zuordnen lassen. www.sitter-liver.ch.

Patrik Tschudin (* 1963)
Geologie- und Geophysikstudium an der Universität Basel und der ETH Zürich. 1991–2012 Nachrichten-, Kultur- und Wissenschaftsredaktor bei Schweizer Radio DRS. 2010 Prix Média der Akademien der Wissenschaften Schweiz. Seit 2013 freischaffender Journalist und Student an der Pädagogischen Hochschule FHNW. http://patrik.tschud.in.

Andres Wiemken (* 1942)
Studium, Forschung, Lehre an der ETH Zürich: 1965 Dipl.-Ing. Agronom, 1969 Dr. sc. nat., 1975 Privatdozent, 1983 Titularprofessor, dazwischen Landwirtschaftspraktika und Forschung in Grossbritannien (University of East Anglia) und Malaysia (Rubber Research Institute). Ab 1984 Ordinarius für Botanik an der Universität Basel, 2012 emeritiert. Forschungsschwerpunkte: biochemische und molekulare Zellbiologie und Stressphysiologie (Pilze, Pflanzen), Symbiosen zwischen Pflanzen und Mikroorganismen (Mykorrhizapilze, Rhizobien), Agrarökologie.

Bildnachweis

Beatrix Sitter-Liver
Aus der Serie *Idiome*

Seite 14: *Linum usitatissimum / Flachs,* 1998, Tusche, 150 × 120 cm
Seite 50: *Avena sativa / Hafer,* 1995, Aquarell, 133 × 150 cm
Seite 66: *Oryza sativa / Reis,* 1997, Ölfarbe auf Tonpapier, 152 × 120 cm
Seite 94: *Urtica / Brennnessel,* 2003, Tusche, 150 × 120 cm
Seite 114: *Geranium robertianum / Storchschnabel,* 2003, Aquarell, 3 Blatt,
        je 36 × 48 cm
Seiten 120f.: *Secale cereale / Roggen,* 1998, Tusche, 2 Blatt,
        je 150 × 120 cm
Seite 148: *Pinus cembra / Arve,* Ausschnitt, 1993, Aquarell,
        283 × 150 cm
Seite 170: *Festuca pratensis / Wiesenschwingel,* 1995, Tusche, 103 × 82 cm

Seiten 190f.: Gerda Steiner & Jörg Lenzlinger, *Brainforest,* 21st Century
        Museum of Contemporary Modern Art, Kanazawa (Japan), 2004

FLORIANNE KOECHLIN IM LENOS VERLAG

Zellgeflüster
Streifzüge durch wissenschaftliches Neuland
256 Seiten, mit Fotos, broschiert
ISBN 978 3 85787 742 1
Lenos Pocket 142

»Keine Fachbegriffe oder komplizierten Formulierungen, sondern
spannende Einblicke in Themen wie Bewusstsein, Intelligenz und
Kommunikation in der Natur.«
Deutschlandradio Kultur

PflanzenPalaver
Belauschte Geheimnisse der botanischen Welt
255 Seiten, Smartcover
ISBN 978 3 85787 441 3

»Ein Buch über Denk- und Handlungsalternativen und eine spannende
Auseinandersetzung mit der Beziehung Mensch–Pflanze.«
Berliner Zeitung

Florianne Koechlin
Denise Battaglia
**Mozart und die List
der Hirse**
Natur
neu denken

LENOS

Mozart und die List der Hirse
Natur neu denken
249 Seiten, gebunden, mit Schutzumschlag
mit 33 Schwarzweissabbildungen und 22 Farbtafeln
ISBN 978 3 85787 424 6

»Florianne Koechlin und Denise Battaglia erzählen wundersame
Naturgeschichten. Von Reben, die Mozart hören, von Menschen, die
in der Wüste Gärten pflanzen, oder von Gorillas, die um ihre Toten
trauern. Die zwölf überraschenden Reportagen haben eine gemeinsame
Botschaft: In der Natur ist alles miteinander vernetzt – auch mit uns.«
Schweizer Familie

Peter Jaeggi
Tschernobyl für immer
Von den Atombombenversuchen im Pazifik bis zum Super-GAU in Fukushima
Ein nukleares Lesebuch
408 Seiten, mit Farbfotos, Abbildungen und einem Leporello, broschiert
ISBN 978 3 85787 419 2

»Eine der umfassenden und intelligenten Sammlungen von Texten und Interviews zum Thema Atomkraft. Engagiert, aber ohne Schaum vor dem Mund. Fundiert und informativ.«
Die Südostschweiz

Pierre-Alain Niklaus
Nicht gerufen und doch gefragt
Sans-Papiers in Schweizer Haushalten
158 Seiten, broschiert
ISBN 978 3 85787 432 1

»Pierre-Alain Niklaus entlarvt die Machenschaften der Politik, die
(…) die menschlich und rechtsstaatlich unhaltbare Situation der Sans-
Papiers in der Schweiz bewusst in Kauf nimmt. (…) Es entsteht eine
Ethnographie der Prekarität.«
Bulletin Solidarité sans frontières

Sumaya Farhat-Naser
Im Schatten des Feigenbaums
Herausgegeben von Willi Herzig und Chudi Bürgi
223 Seiten, gebunden, mit Schutzumschlag
ISBN 978 3 85787 436 9

»Wer die aufrichtige Palästinenserin je von ihrem Einsatz in der Friedensarbeit erzählen hörte, weiss: Da berichtet eine unbestechliche Zeitzeugin, deren Engagement in einem tiefen Glauben in gewaltfreien Widerstand wurzelt.«
Neue Zürcher Zeitung

Kristina Bergmann
Tausendundeine Revolution
Ägypten im Umbruch
157 Seiten, broschiert
ISBN 978 3 85787 420 8

»Dieses Buch ist besonders interessant, weil neben der Autorin auch Frauen und Männer unterschiedlichster sozialer Herkunft in Interviews und Augenzeugenberichten zu Wort kommen.«
bn.bibliotheksnachrichten

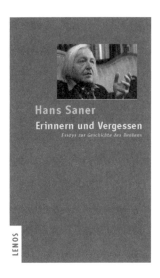

Hans Saner
Erinnern und Vergessen
Essays zur Geschichte des Denkens
251 Seiten, gebunden, mit Schutzumschlag
ISBN 978 3 85787 358 4

»Hans Saner zeigt mit jedem Essay dieses Bandes, wie aktuell und
anregend philosophische Fragestellungen sein können.«
Der Bund

Corina Caduff
Szenen des Todes
Essays
241 Seiten, gebunden, mit Schutzumschlag
ISBN 978 3 85787 434 5

»Corina Caduffs *Szenen des Todes* gelingt ein sensibler Balanceakt zwischen Nähe und Distanz, eine Haltung des Erzählens, die sich an den besten Traditionen der Fallgeschichte orientiert. Freilich zielen diese Fallgeschichten, und darin besteht der entscheidende Kunstgriff, nicht auf Sterbende und Trauernde, sondern auf die Autorin selbst, die sich manchen schwierigen Erfahrungen ausgesetzt hat.
Neue Zürcher Zeitung